韓国擁護論

二日市 壮

国書刊行会

まえがき

日本と隣の韓国との関係は、安倍晋三政権と朴槿恵政権の登場によって、戦後最悪といってもいい状態になっている。日韓首脳会談は開かれず今後の展望も見えない。

書店に行くと、「嫌韓」「憎中」の本がずらり並ぶコーナーがある。週刊誌は競うように韓国をあげつらい、あざ笑う記事を載せている。東京新大久保のコリアンタウンでは「韓国人は韓国へ帰れ」のヘイトスピーチがこだまする。「嫌韓」「憎中」はまさに国を挙げての現象になっているようにも見える。

日本の政治指導者の歴史認識を問題視する韓国は、中国と手を結んで日本の国際的孤立化をはかっている。ソウルの日本大使館前の歩道には韓国の団体による「椅子に座る慰安婦少女像」が置かれて大使館をにらんでいる。それと同じ像が在米韓国人団体の運動によってアメリカ西部の都市にも建てられた。

根本的には韓国や中国が経済的、軍事的に力をつけてきたことがある。いまや日本を見下そうとしている。だから韓国の「反日」は収まりそうにない。政治家は「親日」と呼ばれて社会的に抹殺されることを恐れ、「日本叩き」で点数を稼ぐ。

韓国は日本を「仮想敵国」にして軍備を拡張している。海軍と海洋警察は艦艇の大型化を進めている。韓国の小説は「独島（トクト）」と呼ぶ竹島周辺での日韓海戦を好んで描く。日本は韓国を必ず侵略してくると信じている韓国人は多い。北朝鮮との南北統一を果たせば、韓国は核保有国となり日本に対して優位な立場に立つと考えられている。こんな韓国の「反日」は完全に行き過ぎである。

こうした両国の状況を放置していていいのだろうか。解決策はないのか。

私はＮＨＫ記者を定年で終えたあと韓国に渡り、ジャーナリスト、また大学講師として韓国で十二年間過ごし、その後現在に至るまで韓国と付き合ってきている。また少年時代、アメリカB29の空襲で自宅を焼かれた戦争体験を持つ。日韓がこれ以上争うことは避けねばならない。そういう思いでこの本を書くことにした。

韓国社会にある根深い「反日」。その原因は何か。韓国に対する日本の侵略、とくに近代以降の過酷な行為、にもかかわらず不十分な謝罪、そこに根本があると私は考える。

「日本はすでに何度も謝っている」「何度謝ればいいのだ」という声が聞こえてくる。一九六五年の日韓基本条約ですべて解決済みだというのが、日本政府の公式立場だ。しかし日本はこれまで本当に謝ってはいないと私は考える。

そうした立場からこの本を書いた結果、「韓国擁護論」となった。「反日」は韓国人の頭の中にまさに教科書的に形づくられているが、実際に韓国人と付き合うと、実にいい人たちだ。

この本を書いているとき、韓国のフェリー「セウォル号」が黄海で沈没し、修学旅行中の多くの高校生が命を失った。家族の心中は察するに余りある。心からの哀悼の意を捧げたい。三星（サムスン）、現代に象徴される韓国経済の躍進の陰で、安全が守られない慣習や制度、政府と業界の癒着が明らかになった。そしてこの惨事の大きな原因となった船長ら乗組員は国民的非難を浴び、ついには殺人罪で起訴された。死者五〇一人を出した一九九五年のデパート崩壊のとき、責任者は業務上過失致死罪を適用された。それが今回は殺人罪である。

船内の高校生らを救助できなかった海洋警察庁は解体されることになった。また修学旅行は一時禁止され首相は更迭されることになったが、後任がなかなか決まらなかった。

このことで強く感じたのが韓国社会の短絡的な思考方法である。議論はたちまち極端な方向に走ってしまう。広範囲で詳細な情報がないまま、強い思い込みを抱いてすぐ結論に至る。それがまた次の問題を生む。スケールの大きな発想と決断力は日本人も見習いたいが、人権無視や拙速につながるこうした韓国の危うい思考方式が「反日」の背景にもあるように思える。

フェリー沈没のあと、韓国では「反日」の勢いが少し弱まり、日本に学ぼうという声が高くなったという。日本は協力を惜しまないはずである。

繁栄する大財閥の陰で広がる格差社会、不平等感、成熟にはほど遠い段階の民主主義、韓国社会が抱える課題が「反日」に転化されている面がある。

この本では、韓国への加害の歴史、「反日」の構造を描き、韓国では日本についてどのように考えているかを書いた。そして韓国への要望と提言の形で、日本人として韓国に言いたいことを列挙した。

北海道最北端に近い猿払村では、夏になると、日本人、韓国人によって人骨の発掘作業が行われる。旧日本海軍が敗戦前に大規模な飛行場の建設を急ぎ、多数の朝鮮人を作業に酷使した。多くの朝鮮人がここで命を落とし埋められた。その数はわからないし名前もわからない。両国の間には、こうしたことが数多くある。歴史を知らないでの「嫌韓」は底が浅い。

二〇一五年は日本の敗戦から七十年、日韓基本条約が結ばれて五十年。反日と嫌韓は両国にとって不幸な事態であり何も生み出さない。いまこそ解決への道を模索すべきだ。日本人がもっと韓国を理解し、日本がさらに一歩を踏み出すことによって、「近くて遠い国」との距離が少しでも近くなることを望む。

二日市 壮

韓国擁護論　目次

第一章　靖国参拝と慰安婦

安倍晋三首相は二回目の首相就任から一年目となる二〇一三年暮れ、突然、靖国神社を参拝し、好転のきざしが出ていた日本と韓国、日本と中国との関係を最悪の状態にした。同盟国アメリカでさえも「失望した」と言ってきた。一回目の首相就任のときに靖国を参拝しなかったことは「痛恨の極み」とまで言っていたから、いずれは参拝するだろうとは思われていたが、やはり実行した。安倍首相は、かつての戦争で命を捧げた英霊に対して「尊崇の念」を表すのは当然のことで、隣国からとやかく言われる筋合いのものではないと考えているようだ。

それからほぼ四か月、二〇一四年四月の靖国神社春の例大祭には閣僚と超党派の「みんなで靖国神社を参拝する国会議員の会」の一四六人がそろって靖国参拝をした。安倍首相は総理大臣の名前で真《ま》榊《さかき》を奉納した。

これらの行動に対して、韓国、中国は「日本が韓国、中国を侵略した歴史を反省しないばかりか正当化をはかる行為だ」として強く反発し、日本の指導部の歴史認識を問題にした。靖国参拝は、単なる宗教的祈りが問題になっているのではなく、日本の政治家が過去の日本による侵略戦争をどう思っているか、そのものを示す歴史認識の象徴となっている。現在につながる歴史認識が隣国との外交の前提条件になっているのだ。

日本が大東亜戦争と呼んでいた第二次大戦が終わって、まもなく七十年。戦後生まれの戦争を知らない世代が政治指導者となって、「戦後レジームからの脱却」を掲げ、靖国参拝を当然とし、さらには「自虐的歴史」を見直すべきだという声すら出ている。問題が表面化して久しい靖国についてまず考えてみたい。

靖国神社とは

東京九段にある靖国神社、ここには先の戦争で命を失った軍人・軍属・警防団などの準軍属が祀られている。肉親にこうした人を持つ遺族にとっては聖地だ。私も従兄弟がフィリピン戦線で亡くなった。だからお参りしたことがある。しかしどこの国にもある戦没者追悼施設と同じとはいえない。それはここが神道という日本独特の宗教の施設であるとともに、「戦死すれば靖国に祀られる」として、多くの若者を死に至らしめた、先の狂信的な戦争の精神的聖地としての役割を担ったからである。

つまり靖国神社は戦死した人たちを祀る神聖な場所であると同時に、アジア各国を侵略した日本帝国主義の精神的支柱だったといえる。とくに一九七八年に侵略戦争の指揮をとったA級戦犯を合祀したことによって、その性格は決定的なものとなった。

　靖国は世界各国にある国立墓地と同じであり、一国の指導者がその国を守った英霊に敬意を表するのは当然だという意見もある。だが違う。靖国は侵略戦争を美化した象徴であり、戦争で被害を受けた国からすれば、加害者である日本の指導者が現在もそこを参拝することは、過去の加害行為を反省しないばかりか、過去を正当化し、ひいてはもう一度侵略してくるのではないかという危惧の念となる。

侵略戦争支えた宗教施設

　さて靖国神社とはそもそも何か。その由来をたどってみよう。

　靖国神社は、明治維新の翌年の一八六九年、東京招魂社として東京九段に設立された。朝廷と徳川幕府とが戦った戊辰《ぼしん》戦争の朝廷側戦死者を慰霊するためだった。十年後に靖国神社と改称。靖国とは「春秋左氏伝」第六巻の「吾以靖国也＝吾以って国を靖んずるなり」というくだりから取ったもので、明治天皇が命名したとされている。祭神は一般の神ではなく、日本のために命を捧げた軍人・軍属、準軍属、その他戦争中に国のために死亡した人、合わせて二四六万六千五三二柱（柱は人と同じ、二〇〇四年十月十七日現在）。

一九三九年には各地にあった地方招魂社を護国神社と改称し、靖国を頂点とする神社体系を築き上げる。

戦前、一般の神社は内務省が統括していたが、靖国神社だけは陸軍省、海軍省が共同管理し、靖国神社への合祀は陸海軍が審査し天皇の勅許で決められていた。太平洋戦争関連の死者が圧倒的に多くて二一三万柱、次いで日中戦争の十九万柱が多い。その他、歴史順に見ると、台湾出兵、内戦である西南戦争、中国との戦いとなった日清戦争、義和団事変、日露戦争、第一次世界大戦、満州事変の死者もいる。合祀祭には天皇が祭主として出席したこともあり、ここに祭られることは遺族にとって最大の名誉とされた。アメリカ海軍機動艦隊に体当たりして死んでいった特攻隊員たちも「靖国で会おう」が合言葉だったという。

こうした歴史を見れば、靖国神社は日本を守った人たちが祀られているという部分があるとしても、日本が帝国主義的侵略戦争を展開するのに際して、生命を失った人たちを讃える精神的支柱であったことが分かる。と同時に、戦死を美化し戦争を遂行する装置であったともいえる。日本の軍国主義の象徴であるに違いない。

戦後はGHQ＝連合国軍司令部の指令で靖国神社だけの単一の宗教法人になり、神社本庁には加盟していない。しかし靖国神社を再び国家管理に戻そうという国家護持運動が戦友会や遺族会から起こり、自由民主党は一九六九年から七三年にかけて「靖国神社法案」を五回も国会に提出するが、そのたびに審議未了廃案となる。

五度目の法案は七四年五月、衆院本会議で初めて可決されるが、翌月、参院で廃案となる。仮に国が靖国神社を管理するとなれば、明らかに憲法二十条に触れるため、この場合は靖国神社を非宗教の施設とすることが必要となるが、靖国神社側は非宗教化や国家管理に反対していたので、とうていこうしたことが行われる可能性はなかったのだが、二〇〇〇万人分もの署名を集めた戦友会・遺族会の力を見せつけた運動だった。靖国神社には今も年間に六〇〇万人もが参拝しているという。

A級戦犯十四人を合祀　韓国・台湾の人たちも

ところで靖国神社に祀るということは、具体的にはどういうように行われるのか。靖国神社には遺骨や位牌《いはい》などは祀らない。祀ることにした対象者の名前を霊璽簿《れいじぼ》に記入して合祀祭を行えば、それで合祀したことになる。陸軍省や海軍省はなくなったため、戦後の一時期、厚生省引揚援護局が合祀事務に協力して「祭神名票」を作成送付していたが、それもなくなり、いまや神社側の判断だけで合祀できる。

こうした背景で、一九七八年十月十七日、東条英機ら東京裁判のA級戦犯十四人を神社が勝手に合祀していたことが、半年後の七九年四月になって判明した。しかし当時は中国などからの反発はなかった。靖国神社は、戦犯は日本の国内法によって裁かれたのではないとして、すでに一九五九年(昭和三十四年)にB・C級戦犯を合祀していた。A級戦犯については、七十年に靖国神社崇敬者総代会で合祀することが決定され、当時の宮司預かりとなっていたが、七八年に新しい宮司が就任すると、A級戦犯を「昭和殉難者」と呼んで合祀したという。A級戦犯を戦勝国による犠牲者とする考え方だ。

ところでA級戦犯は重罪であり、B・C級は軽い犯罪と一般に思われているが、A・B・Cは罪の軽重ではなく、戦争犯罪の類型だった。A級は連合国が設けた戦争犯罪類型A項の「平和に対する罪」、B級は同じくB項の「通例の戦争犯罪」、C級はC項の「人道に対する罪」で、C級の適用はなかったとされている。

A級は約二〇〇人が東京の巣鴨拘置所に拘置されて二十八人が起訴され、B級はアジア各国を中心に五十数か所で五六〇〇人が拘置され、日本では横浜、海外では上海など中国各地とマニラ、シンガポールなどなど合計二十か所で裁判が行われた結果、約一〇〇〇人が処刑された。

A級は巣鴨での極東軍事裁判の結果、東条英機ら七人が死刑、十六人が終身刑、二人が有期禁固刑となり、裁判中に二人が病死した。

靖国神社は、このほか当時、日本国籍があった朝鮮半島出身者二万一〇〇〇人に台湾出身者を加えた日本本土出身者以外の日本軍兵士約五万人を祀っている。このため遺族らから合祀をやめるよう求められており、韓国や台湾の高砂義勇隊の合祀反対訴訟など訴訟も出た。これに対して靖国神社はいったん合祀した祭神は取り下げたり分けたりすることはできないとして、こうした要求を拒否している。したがって靖国はA級戦犯の問題とともに、韓国・台湾の人たちを勝手に祀っているというもうひとつの問題をかかえていることになる。

首相の靖国参拝

首相の靖国参拝はもちろん安倍晋三氏だけではない。過去を見ると、佐藤栄作十一回、中曽根康弘十回、鈴木善幸九回、小泉純一郎六回などが目立つ。このほか五回が吉田茂、池田勇人、田中角栄、四回が福田赳夫、三回が三木武夫、大平正芳、二回が岸信介、一回が橋本龍太郎の各氏だ。

歴代の首相が靖国参拝をしていたような印象があるが、よく調べるとそうではない。まず片山哲、村山富市の両社会党首相は参拝しなかったし、先の民主党政権の三人の首相もしなかった。保守政治家の中でも靖国参拝をしなかった人が多い。参拝しなかった保守の首相は、芦田均、鳩山一郎、石橋湛山、竹下登、宇野宗佑、海部俊樹、宮澤喜一、細川護熙、羽田孜、小渕恵三、森喜朗の各氏。任期が短かった人もいるが、任期が長かったのに参拝しなかった人は、自らの信条によるものと考えていいだろう。

歴代首相の靖国参拝

東久迩稔彦王	1回
幣原喜重郎	2回
吉田茂	5回
岸信介	2回
池田勇人	5回
佐藤栄作	11回
田中角栄	5回
三木武夫	3回
福田赳夫	4回
大平正芳	3回
鈴木善幸	9回
中曽根康弘	10回
橋本龍太郎	1回
小泉純一郎	6回
安倍晋三	1回

中曽根康弘は十回も参拝しているが、八六年、中国からの批判を受けるや、その後の参拝を中止している。

参拝中止は昭和天皇の意思だった

さて戦後のかなりの数の自民党首相が靖国神社参拝をしたが、八月十五日の終戦記念日に参拝した、戦後初めての現職首相は、一九七五年の三木武夫首相だった。このとき三木武夫首相は「総理大臣としてではなく個人として参拝した」と発言。私的参拝四条件として、①公用車を使わない②玉串《ぐし》料は個人で支出③肩書きを記さない④公職者を随行させないことを挙げた。これをきっかけに私人、公人の区別や、玉串料の支払いは公費か私費かなどがいわれるようになった。

ところで昭和天皇は戦後八回、靖国神社を参拝していたが、七五年十一月二十一日の終戦三十周年の参拝を最後に参拝しなくなった。その後、宮内庁は春秋の例大祭に代わりに勅使を派遣するようになっている。この理由として三木首相が参拝の公的私的の区別を打ち出したことがよく挙げられていたが、参拝中止は昭和天皇本人の強い意志によるものだったことが、二〇〇六年七月に明らかになっ

靖国神社に合祀されている14人のA級戦犯

▽絞首刑にされた者
東条英機（内閣総理大臣）
広田弘毅（内閣総理大臣）
土肥原賢二（陸軍大将、奉天特務機関長）
板垣征四郎（陸軍大将、支那派遣軍参謀総長）
木村兵太郎（陸軍大将、ビルマ方面軍司令官）
松井石根（陸軍大将、中支那方面軍司令官）
武藤章（陸軍中将、陸軍省軍務局長）
▽刑期中に病死した者
平沼騏一郎（内閣総理大臣、終身刑）
白鳥敏夫（駐イタリア大使、終身刑）
小磯国昭（内閣総理大臣、朝鮮総督、終身刑）
梅津美治郎（陸軍大将、関東軍司令官、終身刑）
東郷茂徳（外務大臣、駐ドイツ・ソビエト大使、禁固20年）
▽判決前に病死した者
永野修身（海軍大臣、海軍大将）
松岡洋右（外務大臣、南満州鉄道総裁）

た。昭和天皇の発言を当時の宮内庁長官の富田朝彦氏が記したメモが見つかった。そこにはこうあった。

「A級が合祀され、そのうえ松岡、白鳥までもが……。だから私は、あれ以来参拝していない。それが私の心だ」

昭和天皇はA級戦犯の合祀に強い不快感を抱いていた。戦争推進の外交官二人が軍人でもないのに合祀されたことも。

今の天皇は一回も靖国参拝をしていない。一方、天皇は毎年八月十五日に開かれる政府主催の「全国戦没者追悼式」に出席している。第一回の全国戦没者追悼式は六三年に日比谷公会堂で開かれた。その後、東京オリンピックの柔道会場として皇居北の丸公園に建てられた日本武道館で式典が行われ、天皇も毎年、出席しているが、これには宗教色がない。

一九八一年には「みんなで靖国神社に参拝する国会議員の会」が結成され、各党の国会議員が集団で参拝するようになる。さらに二〇〇五年六月には自民党に「平和を願い真の国益を考え靖国参拝を支持する若手国会議員の会」という会が発足した。官房長官になる前の安倍晋三氏が顧問になっており、会員は八十人もいたという。二〇〇六年三月、韓国で日韓・韓日議員連盟の会議があり、その際、恒例の親善サッカーが行われる予定だったが、韓国側から靖国参拝議員は韓国に来ないでほしいという要望があったという。靖国参拝は閣僚ではなく議員だからといっても、その是非が問われた。

しかし翌四月の靖国神社例大祭には「みんなで……」所属の国会議員九十六人が参拝した。日本遺族会会長である古賀誠元自民党幹事長は「いつもお参りするときには心の中で分祀しています」と語った。

中国の抗議受け参拝止めた中曽根首相

首相の終戦記念日の公式参拝は一九八五年の中曽根康弘首相から始まった。彼はこのとき「内閣総理大臣としての中曽根康弘が参拝しました」と述べている。しかし翌九月、中国政府が首相の公式参拝に懸念を表明した。このため自民党は靖国神社に対してA級戦犯の合祀をやめることができないか打診したが、神社側はこれを拒否。翌八六年から中曽根首相はアジア諸国の反発を考慮して靖国参拝を中止している。

このときの後藤田正晴官房長官の談話は次のようだった。

「昨年実施した公式参拝は、過去におけるわが国の行為によって多大の苦痛と損害をこうむった近隣諸国の国民の間に、そのようなわが国の行為に責任を有するA級戦犯に対して礼拝したのではないかとの批判を生み、ひいてはわが国がさまざまな機会に表明してきた過去の戦争への反省とその上に立った平和友好への決意に対する誤解と不信さえ生まれるおそれがある。このため内閣総理大臣の靖国神社への公式参拝は差し控えることとした」

中曽根首相の靖国参拝中止の背景には、こうした後藤田官房長官の強い反戦意識があったといわれる。

官房長官としてはもう一人、似たような人がいる。小渕政権の野中広務官房長官だ。九九年八月六日の記者会見で個人的見解としながらも「首相をはじめすべての国民が心から慰霊できるようなありかたを考える非常に重要な時期にさしかかっている。A級戦犯を分祀するとともに、靖国を宗教法人格をはずして純粋な特殊法人として国家の犠牲になった人々を国家の責任においておまつりし、国民全体が慰霊を行い、各国首脳にも献花してもらえる環境を作るべきではないか」と提言している。靖国神社がそのように衣替えできるかどうかは別にして、近隣諸国への配慮がにじんだ発言である。

かりにヒトラーを祀った施設があったとして、そこにドイツのメルケル首相が参拝すれば、国際的な非難が集中するだろう。日本の首相が靖国神社に詣でるということは、簡単にいえば、それと同じことなのだ。

ちなみに中曽根首相は韓国で一番評判がいい。八三年一月、日本の首相として韓国を初めて公式訪問し、晩さん会のあとのカラオケ大会では、韓国の演歌「ノーランシャス（黄色いシャツ）」を歌ったという。そして全斗煥大統領との首脳会談で、七年間に総額四十億ドルの経済協力を供与することに合意している。

決まらない国立追悼施設の設置

A級戦犯の問題や政治と宗教分離の憲法問題を回避するため、新たな国立の戦没者慰霊墓地を建設することも一応検討されている。韓国や中国から提案されているためでもあるのだが、これがなかなか進まない。その理由は、それができても、政治指導者らはなお靖国に参拝するだろうから、そのような施設を作っても意味がないというものだ。二〇〇一年十二月、政府は官房長官の私的諮問機関、「追悼、平和祈念のための記念碑等施設のありかたを考える懇談会」を発足させ、〇二年十二月、「国立の無宗教の恒久的施設が必要」とする報告書をまとめた。また自公民三党の議員一三〇人は〇五年十一月、追悼施設議員連盟を発足させている。

アメリカの首都ワシントンには有名なアーリントン国立墓地がある。これは特定の宗教によらず、一定の基準で埋葬されているもので、敷地内には埋葬のときやその後の礼拝のためにキリスト教のいろいろな宗派の教会があり、無宗教も選ぶことができる。このような国立墓地は韓国など各国にあって一国の首脳が公式訪問するときは、ここに花輪を捧げて敬意を表するのが国際慣例だ。ドイツには九三年、追悼施設の「ノイエ・ヴァッヘ」が設けられた。

日本にもすでに一九五九年に開設された千鳥ケ淵戦没者墓苑がある。ここは靖国神社の近くで、戦争の否定と靖国が戦争に果たした役割に対する批判的世論の中で開設された。しかし何故か、ここはこうした各国首脳が参詣する場にはなっていない。隣接地にある国家公務員宿舎などの敷地を使って拡充する案もあるが、どうなるか。

靖国神社の博物館「遊就館」

靖国神社の中の展示館、遊就館《ゆうしゅうかん》が二〇〇六年三月、突然注目を集めた。韓国の盧武鉉大統領は、韓国を訪れ青瓦台を表敬訪問した中曽根元首相、福田元官房長官らと会った席で、「遊就館をぜひ見てみたい」と述べ、これを聞いた小泉首相は「どうぞご自由に」と応じている。盧武鉉大統領が遊就館を見たいといったのは、遊就館が過去の侵略戦争を肯定する展示館で、そのようなものをかかえている靖国神社を小泉首相が参拝することを間接的に批判したものだ。

遊就館は日本初の軍事博物館として国防思想の普及をはかって一八八二年（明治十五年）に靖国神社の中に開設された。戦後は永らく富国生命の本社に使われて閉鎖していたが、八六年に再開された。そして二〇〇二年七月、大増築をしてリニューアルオープンした。靖国神社を参拝したついでに、また神社参拝と関係なくここを見にくる人は多い。外国人の姿も多く見られ、新たな観光名所のようにもなっている。「遊就」の名の由来は「荀子」の「遊必就士（遊ぶに必ず士に就く）、つまり、遊ぶときは必ず優れた人物と交わって学ぶ」にあるとされる。

入り口を入ると、明るいロビーにラバウルから持ち帰った実物の「ゼロ戦」が展示されている。古代から中世、近代に至る戦争の歴史が説明され、人間魚雷の回天や戦車の実物、航空母艦などの模型、合祀されている人たちの遺品など十万点、そして五〇〇〇人の遺影も飾られている。映像、音響、パネルによる現代的展示だ。

しかし、そこには「わが生命線である韓国」だとか「満州の権益」といったことばが見られ、靖国の神として東条英機の写真もある。明治以来の戦争は全部、日本を守るための戦争であり、これらの戦争は正しかったと正当化している。日本による加害の事実には全く触れず、植民地の人たちの抵抗を「テロ」として戦争を美化し、美談に置き換えている。日本はこうして自国を自衛してきたと身勝手な理屈を並べているのだ。

二〇〇五年十月二十一日、米紙クリスチャン・サイエンス・モニターは遊就館についてのルポ記事を掲載し、「侵略の罪をまったく認めていない。日本による虐殺など加害行為について言及していない。天皇賞賛、軍隊賛美の国粋主義であり、アジアの人々が日本に対して抱く懸念を如実に示している」と批判している。

日本による侵略戦争を正当化した、こうした靖国史観による展示は、「ひどすぎる」と、読売新聞主筆の渡辺恒雄氏ですら憤慨する。渡辺氏は読売グループの会長で、歯に衣着せぬ発言で有名な、いわば保守のドンだ。その渡辺氏は朝日新聞発行の「論座」二〇〇六年二月号で、「靖国神社の本殿の脇にある、あの遊就館がおかしい。軍国主義をあおり礼賛する展示品を並べた博物館を靖国神社が経営しているわけだ。そんな所に首相が参拝するのはおかしい」と、靖国神社と小泉首相を強く批判している。「靖国問題で韓国や中国を敵に回すのは、もういい加減にしてくれ」とも言っている。

渡辺氏のように保守的な考え方を持った人たちの中に、過去の軍国主義に強い反感を持つ人が以前はかなりいた。先に挙げた後藤田正晴氏や野中広務氏らもそうだった。背骨のような反戦の信念を持っていた。それが最近の若い保守政治家には見られないことは危険だと言える。

小泉首相は〇五年五月の国会での答弁で、「A級戦犯は戦争犯罪人だ」と認める発言をしている。ならば、そうした人たちが祀られている靖国神社を参拝するのは何故か、という問いには「二度とあのような戦争を起こすまいと誓って参拝している。私の心の問題だ。他国が干渉すべきことではない」と答えている。また他での答弁や記者の質問に答えた発言を整理すると、おおむね以下のようになる。

戦没者に哀悼の念を持って靖国を参拝している。A級戦犯が合祀されていることも、とくに問題だとは考えていない。罪を憎んで人を憎まずという孔子のことばもある。戦後日本の歩みこそ日本が平和国家である証《あかし》だ。靖国参拝は精神の自由、心の問題であって、憲法十九条でも「思想と良心の自由」が保障されている。一政治家の心の問題に外国の政府がけしからんということは理解できない。一つや二つ、意見が合わないからといって関係を悪くするという考えには賛成できない。靖国はもう外交カードにはならない。外交カードにしようとしても無駄だ。関係悪化は一時的だ。

思慮のない麻生発言

その小泉内閣での麻生太郎外相の発言にいたっては、もっと直接的だ。〇六年一月、公明党後援者らの会合の席で、「英霊からすると天皇陛下のために万歳と言ったのであって、総理大臣万歳と言った（と言って戦死した）人はゼロだ。だったら天皇の参拝なんだと思うね、それが一番」と発言。そして天皇の靖国参拝が行われていない理由として三木首相の公人私人の話を挙げたが、この発言は中

政治家の歴史認識発言

藤尾正行（文部大臣）	1986.9	日韓併合は韓国側にもいくらかの責任がある	罷免
奥野誠亮（国土庁長官）	1988.5	日本には中国侵略の意図はなかった	辞任
中西啓介（防衛庁長官）	1993.12	半世紀前にできた憲法に後生大事にしがみつくのはまずい	
長野茂門（法務大臣）	1994.5	南京大虐殺はでっち上げだと思う	辞任
桜井　新（環境庁長官）	1994.8	日本は侵略戦争をしようと思って戦ったのではない	更迭
江藤隆美（総務庁長官）	1995.11	日本は韓国でいいこともした。鉄道や小学校も作った	辞任
中村正三郎（法務大臣）	1993.3	日本は軍隊も持てないような憲法を作られて改正もできなく、もがいている	
森　喜朗（総理大臣）	2000.5	日本は天皇を中心とした神の国だということを国民に承知してもらう	
麻生太郎（自民党政調会長）	2003.5	朝鮮の人たちが「名字をくれ」と言ったのが創始改名の始まりだ	
江藤隆美（自民党亀井派会長）	2003.7	南京大虐殺の死者が30万人なんて、でっち上げのうそっぱち。日韓併合は両国が調印して国際連盟が無条件で承認したが、90年たったら植民地支配になるのか	
石原慎太郎（東京都知事）	2003.10	日韓併合は彼ら（朝鮮人）の総意で日本を選んだ。どちらかといえば、彼らの先祖の責任	
中山成彬（文部科学大臣）	2004.11	歴史教科書から従軍慰安婦や強制連行ということばが減ってよかった	陳謝

国新華社通信などから「日本外相は天皇は靖国を参拝すべきだと主張した」と伝えられた。

また別の席で、遊就館のような展示がある靖国は中国から見れば問題ではないのかという質問に対して、「中国が言えば言うだけ行かざるを得なくなる。タバコを吸うなと言われたら、吸いたくなるのと同じだ」と答えている。さらに「個別の問題で全体を損なわない」「過ぎ去った事実を未来への障害としない」とも述べ、韓国や中国に対して靖国問題を取り上げることを止めるよう求めている。過去への反省がない身勝手な論理ではないだろうか。

麻生太郎氏は自民党政調会長だった〇三年五月、韓国を植民統治していた時の「創氏改名」について「朝鮮人が名字をくれと望んだのが始まりだ」と述べ、韓国の強い反発を招いた。もちろん事実は韓国人が望んだものではなく、韓国の家族制度を破壊することに狙いがあった。このように麻生氏の発言は不勉強、不用意であり、中国から極右の立場を代表しているといわれても当然だ。

麻生太郎氏は貝島家、安川家と並ぶ、かつての福岡築豊炭鉱経営の御三家のひとつの麻生家の四代目当主だ。麻生家が経営していた麻生鉱業は、戦時中、朝鮮人労働者の使役に熱心で、全国で一番多い一万六二三人を徴用し、多くの死者を出している。このため韓国は〇五年、日本政府に対して旧麻生鉱業での韓半島出身者についての資料提出を求めている。麻生太郎氏は麻生鉱業の後身である麻生セメントの社長も務めていた。そういう系譜の人なのに麻生氏の歴史認識は極めて幼稚で、このような人物が外相を務め、かつて首相でもあったことは残念だ。

B・C級戦犯

注目しておかなければならない点がある。それは韓国も中国もA級戦犯の合祀に限って日本に注文をつけていることだ。B・C級については言及していないのだ。理屈からすれば、当然、B・C級戦犯の合祀も問題だ。だのに、それには触れずにA級戦犯に的をしぼって言っている。象徴的に表現している面もあるだろうが、中国の指導者はかつて、日本による侵略戦争は一部の軍国主義者が起こしたもので、一般の日本人はむしろ被害者だと言ってくれている。日本人は、こうした配慮を見逃すべきではない。したがってA級戦犯合祀問題の解決が急がれるが、決してそれだけに終わるべきではないと考える。

靖国神社が軍国主義日本の精神的支柱の役割を果たしたことは歴史的事実である。そうしたことが分かっていても、なお靖国を参拝したいとする一般の国民の心情は理解すべきだ。身内がここに祀られているという人たちの参拝はあくまで自由であり、政治家の参拝とは次元が違うのである。

政教分離原則はずし狙う自民党

自民党は二〇〇五年八月、憲法改正の具体的条文案を初めて発表した。この中で憲法第二十条三項の政教分離原則、「国およびその機関は、宗教教育その他いかなる宗教的活動もしてはならない」については、「国および公共団体は、社会的儀礼の範囲内にある場合を除き、宗教教育その他いかなる宗教的活動もしてはならない」と変えようとしている。

また八十九条の宗教的活動に対する公金の支出禁止条項についても同じように例外規定をもうけている。これらは社会的な儀礼とされてきた過去の慣習の範囲を例外とし、一見、現実的にみえる慣習を例外として認めることで、実は政教分離の大原則をなしくずし破壊することにつながる、大きなたくらみに違いない。

自民党の狙いは明確だ。憲法を都合よく改正して、政治指導者や公務に就く者の靖国や護国神社の礼拝を合法化し、愛国心教育を強化する。それは靖国を讃え靖国を再び国民の精神的支柱に復活させることで、侵略戦争につながった過去の悪夢を繰り返す道を切り開くことになるのだ。

しかしこうした試みは、国内的に合法化することはできても、韓国や中国からの強い批判、ひいては国際社会からの締め出しにつながることを覚悟すべきだ。

靖国神社は、日本人にとっては「国を守った人たち」を祀る施設の側面があるが、日本から侵略された韓国中国からすれば、自国を侵略した戦争を正当化、美化する日本の宗教施設である。これを日本の政治指導者が参拝することは、ヨーロッパでナチスを讃える施設をドイツの首相が参拝するのと同じことなのだ。

中国は安倍首相の靖国参拝は「世界への挑戦だ」と批判して、世界七十か国に駐在する中国大使にその国の新聞に日本批判の原稿を寄稿させる作戦を展開した。

国際的に包囲された慰安婦問題

慰安婦問題は、日韓の間に横たわる最大の問題になっている。韓国では「旧日本軍従軍慰安婦」と呼んでいる。日中戦争、太平洋戦争の際、旧日本軍が韓国人の若い女性を強制的に集め、逃げられないようにして各地で慰安所を管理運営してきたとする。

慰安婦問題は、一九六五年に日本と韓国の間で締結された日韓基本条約で、ほかの問題とともに一括解決されたと日本では考えられてきた。

そうした中で一九七三年、千田夏光（せんだ・かこう、一九二四〜二〇〇〇）氏による「従軍慰安婦」（双葉社）が出版され反響を呼んだ。内容は旧日本軍が韓国朝鮮人女性二十万人を挺身隊の名のもとに動員し、このうち五万人から七万人が慰安婦にされたというものだ。千田氏は中国大連生まれで、毎日新聞に入り退職後ノンフィクション作家となった。この本で初めて「従軍慰安婦」ということばを使った。しかしのちになって千田氏が根拠にしていた数字は、ソウル新聞の記事の誤読によるものとされた。

一九七七年には吉田清治（一九一三〜二〇〇〇）氏が、「朝鮮人慰安婦と日本人」（新人物往来社）を、さらに一九八三年には「私の戦争犯罪」を出して、戦時中に陸軍の動員の仕事をしていたときに、済州島で大勢の女性を強制連行したことを告白証言した。吉田氏は韓国に行って謝罪行脚もした。吉田氏は慰安婦＝性奴隷説を最初に主張した。

しかしこの吉田氏の本は追跡調査の結果、事実でない部分があると指摘され、吉田氏は九五年になって、自身の創作捏《ねつ》造であったと認めたとされる。しかし吉田氏の本や行動は、八二年からたびたび朝日新聞に大きく取り上げられるとともに、国連人権委員会の「クマラスワミ報告」や米下院で問題解決を促す決議の有力な証拠となった。

こうした動きのなかで、一九九〇年、ソウルの梨花女子大学の教授が問題提起し、急速に韓国で問題の広がりをみせた。九一年八月、慰安婦だったという女性が名乗り出た。その年の十二月、元慰安婦三人が謝罪と補償を求めて東京地裁に提訴した。ソウルの日本大使館前の路上では、九二年一月八日から韓国挺身隊問題協議会という団体による抗議集会が毎週水曜日に開かれるようになった。

この抗議集会は二〇一一年十二月十四日には一〇〇〇回目を迎え、日本大使館を真正面に見すえる歩道の上に「慰安婦少女像」が建てられた。戦時中に日本では女学生が勤労奉仕で軍需工場に動員され、「女子挺身隊」と呼ばれていたが、韓国ではこの女子挺身隊と慰安婦が混同されて、このような会の名称になったようだ。

この韓国挺身隊問題協議会は二〇一四年六月、慰安婦問題を解決させるようジュネーヴの国連人権理事会に一五〇万人の署名を添えて決議案を提出している。

「慰安婦少女像」はアメリカにも建てられている。カリフォルニア州グレンデール市では、韓国系の団体が二〇一三年七月に建てた。また一年後、ミシガン州サウスフィールド市にも建てられ、さらにカリフォルニア州フラートン市にも建てられることになった。在米韓国人は固まって住んでいるため、その地方での政治的発言権が強い。慰安婦像を建てたり、日本海を東海とすべきだという決議をその地方の議会がすれば、在米韓国人団体は本国からよくやっていると賞賛される。こうして建てた慰安婦像はユダヤ人虐殺記念碑と同じ意味を持つとして、アメリカ人に共感を求めている。

二〇一四年八月にはアメリカ・ニュージャージー州で、韓国系団体ではなく初めて自治体の手で慰安婦をしのぶ石碑が建てられた。ユニオン・シティ市だ。全米の慰安婦碑は増える一方だ。

アメリカ連邦下院では二〇〇七年、日本の首相に対してこの問題で謝罪するよう求める勧告決議がなされている。これもアメリカの市民権を持つ韓国人たちのロビー活動によるものだ。

韓国はまた慰安婦についての記録を、ユネスコの世界記憶遺産に登録しようとさえしているが、中国が先を越してユネスコに申請した。日本政府は内容を見て抗議することにしている。さらに韓国では八月十四日を「慰安婦の日」とする動きがある。

アジア女性基金は日本の民間によるものと認識された

では日本政府はどうしてきたか。九二年一月、当時の宮沢喜一首相の訪韓を前に、加藤紘一官房長官が慰安婦問題で「お詫びと反省」の談話を発表し、そのあと韓国を訪れた宮沢首相は盧泰愚大統領に対して何回も謝ったという。そして同じ年の七月、加藤紘一官房長官は「慰安所には政府の関与があったことが認められた」と発表。

翌九三年八月には、「慰安婦の日常生活に強制性があった」とする河野洋平官房長官談話、戦後五十年にあたる九四年八月には村山富市首相による「村山談話」が発表され韓国に謝罪した。

これにもとづく「アジア女性基金」が九五年に設立されて財界などからの募金活動が始まり、橋本龍太郎首相が元慰安婦の人たちに「心からのお詫びと反省の気持ち」を表明するお詫びの手紙を出した。首相のお詫びの手紙は歴代政権に引き継がれた。

そして九七年一月から元慰安婦の人たちに対する「償い金」の給付と医療福祉援助が、このアジア女性基金によって始められた。償い金は一人二〇〇万円、医療・福祉支援事業三〇〇万円の合わせて五〇〇万円、それにお詫びの手紙が添えられた。対象は韓国、台湾、インドネシア、フィリピン、オランダの女性で、合計二八五人がこのカネを受け取った。このうち韓国では六十一人が受け取った。

ところが肝心の韓国では「日本政府が法的責任を認め、国家賠償をすべきだ」という声が挺身隊問題協議会や太平洋戦争犠牲者遺族会などからあがり、アジア女性基金のカネは受け取るべきでないとする世論が高まる。

この間の経緯はほとんど明らかにされていなかったが、安倍政権になって「河野談話」を見直そうという動きが強まった。しかし韓国だけでなくアメリカの圧力もあって、見直しではなく元検事総長ら有識者による「検証」となった。以下、この検証によって明らかにされた経緯をかいつまんで紹介したい。

元慰安婦による提訴、宮沢首相訪韓、防衛研究所から軍の関与を示す文書の発見などで、日本政府は「一九六五年の法的解決の枠組みとは別途に人道的見地から自主的な措置をとる」ことになり韓国側と交渉に入った。これについて九三年二月に就任した金泳三大統領は「日本側に慰安婦への物質的補償は要求せずに、韓国政府の予算で行う。そうすることで韓国は道徳的優位性を保つ」と述べたという。

河野談話に始まった日本政府のこの問題への対応を、盧泰愚、金泳三、金大中の三代大統領と韓国外務部は評価していた。ところが、挺身隊問題協議会と遺族会は「日本の女性のためのアジア平和基金は、民間団体による慰労金であり、日本政府によるものではない」として受け取りを拒否し、日本政府による謝罪と補償を要求した。だがこの認識は正しくはなかった。なぜならば、基金への民間からの募金は六億円集まったが、日本政府は拠出金と補助金合わせて四十八億円を支出している。しかし基金は民間資金と報道され、これら韓国の団体もそう受け止めていた。実際には日本政府と民間による基金だったのだが、その実態が韓国には伝わらなかった。本来、日本政府が全額負担すべきところを民間のカネを入れたのが間違いだった。

挺身隊問題協議会は、基金からのカネを受け取った元慰安婦七人の実名を公表し、彼女らに電話をかけて強く非難した。また新たに受け入れを表明した元慰安婦に対しては、関係者が家まで押しかけて「日本の汚いカネ」を受け取らないよう迫ったという。

九八年に発足した金大中政権は、韓国政府としては日本政府に国家補償は要求せずに、韓国政府が認定した元慰安婦二〇七人に「生活支援金」を支給することを決めた。そしてすでに受け取った人と亡くなった人を除く一四二人に生活支援金の支給を始めた。日本のアジア女性基金は、二〇〇七年に解散している。

以上の経緯でわかることは、日本政府のそれなりの誠意が曲がって認識され、マスコミによって増幅され、今日に至っている。

吉田証言報道を取り消した朝日新聞

安倍内閣と朴槿恵政権の登場で、日韓関係がこじれにこじれているなか、二〇一四年八月、朝日新聞はこれまでの慰安婦報道を検証する特集を組み、「吉田清治証言」は虚偽だったとして関連の記事を取り消すことを表明した。朝日は彼の証言を八二年九月から十六回にわたって取り上げ、これが慰安婦問題の根拠の一つとされていただけに、いまになって取り消してもその責任ははかり知れない。

この朝日の自己検証と反省によって勢いづいた勢力がある。「強制連行は嘘だった。慰安婦問題は虚構だ」と主張する人たちだ。「国や軍による強制性が証明されないかぎり国に慰安婦問題の責任はない」としたい勢力だ。

韓国の慰安婦問題は、吉田証言に端を発し、朝日報道で増幅され、それを韓国メディアが転電してエスカレートした結果、「旧日本軍は、韓国の若い女性二十万人を強制連行して慰安婦にした」とする話が国際的に定着してしまった。しかし朝日の自己否定で、内なるイヤなものをなかったことにしたい人たちは、「これで慰安婦問題はなかった。単なる売春宿だった」と主張する。

それでも謝罪は必要

慰安婦問題は、その性質上、誰が慰安婦だったか、慰安婦の数などは正確にわかるはずがない。河野談話作成にあたって話を聞いた女性の中にも、当時は日本の内地にいたなどと答えた人もいたという。韓国では慰安婦は二十万人いた、そして全員が強制されてのものだとされている。二十万人という数字はさすがに信じがたい。しかし、こうした話が独り歩きするのが韓国の特徴だ。二〇一四年四月の時点で韓国政府が把握している元慰安婦は五十五人、平均年齢八十八・三歳。

どの戦争にも慰安婦はあったとしても、また韓国軍がベトナム戦争のときに現地の女性をレイプしたと伝えられていても、それらは旧日本軍の蛮行の免罪符にはならないということだ。日本軍が慰安所を直接運営していたことは考えにくいが、業者にやらせていたとしても、その利用を認め、その場所の安全を保っていたことは考えられる。そのことは事実上、「従軍」というイメージにつながる。

強制性があったかどうかが、最大の焦点になっているが、いまになって、それを証明したり否定したりすることはむずかしい。生活苦から身を落として商売としていた女性もいたはずだ。昔はそれが多かった。でも中にはだまされて連れてこられたり、強制されたりしたケースがあったに違いない。

一九六五年の日韓基本条約で、両国政府が合意に至ったのは国家間の賠償であり、こうした被害者

アメリカでの韓国系アメリカ人による反日活動

2007年6月	連邦下院121号決議、慰安婦で日本に謝罪要求
2010年10月	ニュージャージー州パリセイズパークに慰安婦問題訴える碑
2012年6月	ニューヨーク州ナッソー郡に慰安婦問題訴える碑
〃　年12月	ロサンゼルスのショッピングセンターに慰安婦問題訴える碑
2013年1月	ニューヨーク州上院が日本を非難する決議
〃　年3月	ニューヨーク州バーゲン郡に慰安婦問題訴える碑
〃　年5月	ニューヨーク州下院が日本を非難する決議
〃　年7月	カリフォルニア州グレンデール市に慰安婦少女像
2014年2月	バージニア州下院が日本海に東海併記を可決
〃　年5月	バージニア州フェアファックス郡に慰安婦問題訴える碑

が賠償を求める権利までそれによって消滅したと考えるのは身勝手な論理ではないだろうか。河野談話を作成する前に聞き取り調査をした韓国人慰安婦十六人からは「軍や官憲によるいわゆる強制連行を示すような話はなかった」としているが、もっと多くの人に聞けば強制性を裏付ける話も出たはずだ。またこのような問題で軍や政府の命令書や指示書が残されているはずがない。

しかし河野談話はそこまでしなくても強制性は容易に類推できたとして、強制性をにじませた政治判断だったのではないだろうか。はっきりした証拠がない。慰安婦の数がはっきりしない、などと逃げ回り、都合が悪いことは隠そうとすることは国家としての恥だ。週刊誌にいたっては「河野洋平を国会に連行せよ」という見出しの記事まであったが、日韓関係を考えての当時の政治判断を、いまになって誰が間違いだといえるのだろうか。

なによりも日本と韓国の立場を置き換えてこの問題を考えれば、韓国の人たちの心情が理解できる。もし何万という数の日本人女性が韓国軍の慰安婦にされ、その後いまのような状況に置かれているとしたら、われわれはどう主張するか。そこを考えるべきだ。

過去の日本の政治家たちがいろいろな談話を出しているが、そこにはもう一つ踏み越えるべき謝罪の気持ちが薄く、何とかその場をしのごうとだけしていたのではないか。そんな気がする。そして安倍内閣にいたっては、過去の日本の侵略行為を認めたくない、証拠がない、矮《わい》小化したい、できれば正当化したいという考えが強く、これが韓国中国の反発を招いていると言える。もっと早い段階で、この問題を誠心誠意、きちんと処理していたならば、今日のような国際的にみっともない事態にはならなかったのではないだろうか。

カリフォルニアに建てられた慰安婦像について、日本の議員らは石碑に刻みこまれている文言が事実ではないとして、この像の撤去を求めている。しかし韓国でできあがった数字や表現は、韓国系アメリカ国民によって固く信じられている。そして移民で作られているアメリカでは、こうした移民たちがそれぞれの思いを記した記念碑を公園などに建てることが一般的だ。したがって日本が強く撤去を求めることは、言論・表現の自由を侵すことになり、アメリカ国民全般の反発を買うことになる。

「性奴隷をどう思うか」と聞かれたら、オバマ大統領のように「ひどい話だ」と答えるしかない。韓国は「慰安婦問題」を象徴化して、国際的日本叩き作戦を展開している。いわば情報戦だ。日本は不利な状況に追い込まれている。疑問点や反論があるとは思うが、ここは大人になって謝罪すべきだろう。韓国は「勝った！」と大喜びするだろうが。日本は今一度謝ることで、この問題にケリをつけるべきだ。

日本は罠にはめられたのか

ただ「日本は韓国の罠《わな》に、はまった」という見方がある。台湾出身の評論家、黄文雄氏が指摘する見方だ。

私も韓国に長い間いて強く感じたのだが、韓国人は自分の過ちをなかなか認めようとせず、謝ろうとはしない。他人や装置の故障のせいにして自分は悪くないと主張する。日本人なら自分が間違っていたと気づくと、すぐそれを認めて謝るが、韓国人はそうではない。

そして相手がいったん謝ろうものならば、「それ見たことか」と、たちまち高飛車に出て、謝る相手をさらに叩き徹底的にやっつける。そこには「相手は自らの非を認めているのだから」という論理が働く。だから容赦なく叩いて構わない。

またその前の段階の、まだ相手が謝らない段階では、大声をあげて周りに相手の非、自分の正当さを訴える。まるで陪審員のような立場になった周りの人間から「そうだ！　その通りだ！」などと自分を支持する声がかかろうものならば、ぐっと勢いを得て相手を徹底的に追い詰める。相手がギブアップしようものならば、土下座を強いる。

「簡単には謝らない」「他人のせいにする」「相手が謝れば徹底的に叩く」、これが韓国流のけんかの仕方であり文化である。

あっさり自分の非を認め、潔く謝るという、いわば日本流武士の美徳の文化は韓国にはない。韓国にある「謝罪をめぐる文化」は、長年にわたって虐げられてきた韓国の悲しい歴史に由来するものといってもいい。

こう書くと、日本は慰安婦問題で韓国に謝らないほうがいいのではないかということになり、美徳が裏目に出て「また罠にはめられた」ことになるが、やはり日本は日本流に今一度韓国に謝り誠意を示すべきだと私は思う。たとえ、それによって韓国が居丈高になっても、いまの国際化の時代、「それはやり過ぎだ」という声が諸外国からあがるはずだ。日本は日本流にやるのが一番だ。

こうしたなか、二〇一四年六月、皮肉にも韓国政府がアメリカ軍基地周辺の韓国人慰安婦一二二人に訴えられる訴訟がソウルで起こされた。韓国政府がこれらの女性を管理し性病検査を強要していた、これは性奴隷だと主張している。まさに足元から火というところだ。

韓国の立場が正しいとしても、ソウルの日本大使館前に慰安婦像を建て水曜集会を繰り返すことは、外交ルールに反することだ。東京麻布の韓国大使館周辺の秩序が日本の警察によってきちんと守られていることを考えてもらいたい。

一方、韓国は日本がさらに謝罪し、相応の償いをした場合、国際的な責任が生じることを認識すべきだ。ソウルの日本大使館前を正常化するだけでない。それはベトナムでのことと、日本の敗戦引き揚げ時のことだ。

▽ベトナムでのことを調べるべきだ

慰安婦問題で日本からの謝罪を受け入れたら、ぜひ韓国軍がベトナム戦争中にベトナムで行った行為について調査し、被害を与えていたことが確認されれば謝罪と補償をすべきではないか。いまやこの問題の行方は国際的に注目されている。

▽敗戦引き揚げ時の日本人女性への暴行も調べてほしい

日本が敗戦し、旧満州や北朝鮮から命からがら釜山まで逃れてきた日本人たち、とくに女性が、道中、生き地獄にあっている。ロシア人によるものが多いと思われるが、韓国ではどうだったのか、調べてほしい。ちなみに一九四六年から四七年にかけて当時の厚生省が引き揚げてきた女性のために福岡県太宰府近くに超法規的に開設した二日市保養所では、外国人にレイプされた日本人女性約五〇〇人が堕胎手術を受けたという秘話が残っている。

コラム　九回も改正された韓国の憲法

韓国の憲法は解放後の一九四八年七月十二日に制憲国会で採択され、直後の七月十七日に発布された。この制憲国会は、その年の五月十日、国連決議にもとづいて国連韓国委員団の監督のもとに行われた総選挙で選ばれた国会議員によって構成され、五月三十一日、国名を大韓民国と決めたあと、憲法草案を起草し採択した。

しかし韓国ほど憲法が時の為政者の都合で、いともやすやすと改正された国はない。初めは欧米流の民主主義を持ってきたはずの李承晩大統領が政権を維持するために、そしてクーデターによって政権を握った軍人の朴正熙大統領と、そのあとの全斗煥大統領によって都合よく改正された。しかし高まる国民の不満を受けてソウルオリンピックの前年の一九八七年六月二十九日、軍事政権はついに「民主化宣言」に追い込まれ、その後九回目の改憲が行われて、現在に至っている。

しかし大統領の再任を禁止しているため、大統領は四年目あたりから次第に政治力が弱まって「死に体」となっていき、こうした政治的空白状態が問題になっている。このため大統領の任期を今の五年から四年にして再任を認めることや、国務総理の権限強化などが論議されており、いずれ十回目の憲法改正は行われるものとみられる。

韓国の憲法改正

	改正年月日	呼ばれ方	時の大統領	憲法改正の内容
最初の憲法	1948年7月17日	―――	李承晩	―――
1回目の改正	1985年7月17日	抜すい改憲	〃	国民による大統領直接選挙
2回目の改正	1954年11月29日	四捨五入改憲	〃	初代大統領の重任制限を削除
3回目の改正	1960年6月15日	第二共和国	不在	二院制、議院内閣制、憲法裁判所新設
4回目の改正	1960年11月29日		尹潽善	選挙違反者処罰のための遡及法制定
5回目の改正	1962年12月26日	第三共和国	不在	大統領中心制、一院制（国民投票で決める）
6回目の改正	1969年10月21日		朴正熙	朴正熙大統領の3選実現（国民投票）
7回目の改正	1972年12月27日	維新憲法第四共和国	朴正熙	間接選挙による大統領選出（国民投票）
8回目の改正	1980年10月27日	第五共和国	全斗煥	大統領任期を7年単任に、比例代表国会議員の新設（国民投票）
9回目の改正	1987年10月29日	現在の憲法	全斗煥	大統領の直接選挙、5年単任、大統領の非常措置権の制限

第二章　竹島

日韓関係にささった「とげ」

竹島問題は日韓関係にささったとげだ。このとげを抜くことは、ほとんど不可能に思える。とげがあるかぎり、真の友好ははかれない。日本人にすれば、正直に言ってどちらでもいい。「面倒くさいから、いっそ韓国に渡してしまったら？」という声もあるが、韓国にしてみれば、「もともとわが国のものなのに、なにを言うか」というだろう。

日本政府にすれば、領有権を主張するしかない。しかし主張するたびに、韓国からは「妄言」と猛反発をくらい、日韓関係が悪化する。実にやっかいな問題だ。

この竹島、韓国でいう「独島（トクト）」をめぐる近代になってからの経緯を振り返ってみよう。

一九〇五年（明治三十八年）一月二十八日、日本政府はそれまで松島と呼ばれていたこの島を竹島と命名し日本の領土とすることを閣議決定で決める。翌二月二十二日、島根県は竹島を島根県に編入し告示した。当時、韓国は日本によって保護国にされ日本人外交顧問を置くなどの状況だった、このため竹島の日本領土への編入は、日本帝国主義が火事場泥棒のように行った最初の領土奪取だったと、韓国側は主張している。

日本の敗戦後の一九四六年一月、GHQ（連合国軍総司令部）訓令で、一時、日本領土からはずされるが、五一年九月に連合国との間に調印されたサンフランシスコ講和条約では、再び日本領とされた。このため島の領有を主張してきた韓国政府は、講和条約が発効する五二年四月二十八日の前の五二年一月十八日、領有権を主張するとともに、いわゆる李承晩ラインを宣言して、竹島をラインの内側、自国側に取り込み、ラインの中に入った日本漁船を次々にだ捕した。

朝鮮戦争が終わった翌年の五四年六月十一日、韓国は突然、竹島に警察の警備隊を派遣して島を占拠し八月には無人灯台を設置した。そして九月十五日、竹島を図案にした切手三種類を発行して、内外に実効支配を宣伝した。このため日本は九月二十五日、国際司法裁判所で決着をつけようと提案するが、十月二十八日、韓国は領土問題は存在しないとして、これを拒否する。

一九六五年の日韓基本条約でも、この問題は棚上げされた。韓国はその後も、問題は解決済みとして、日本との交渉に応じようとしていない。九七年十一月、韓国は東島に五〇〇トン級船舶の接岸施設を完成させ、翌九八年十二月には有人灯台を完成させている。しかし九九年に締結された新日韓漁業協定では、竹島周辺を「暫定水域」として日韓双方の漁船が操業できることで合意されている。〇五年三月、島根県の「竹島の日条例」制定に反発して、韓国は再び「独島切手シート」を発行した。〇六年四月、日本の海上保安庁が行おうとした竹島周辺の海底地形調査に韓国は強く反発して日本の巡視船を撃沈すると表明。その後六月に東京で開いた日本海のEEZ＝排他的経済水域の境界線を決める会議では、それまで竹島の北西にある韓国領土のウルルン島（欝陵島＝日本語読みは、うつりょうとう）を基点にしていたのを、竹島を自国領土として、ここを基点にEEZを決めるべきだと主張した。

その竹島はどこにあるのか。島根県隠岐諸島の北西一五七キロの日本海に浮かぶ島である。隠岐と、韓国の領土であるウルルン島の間のややウルルン島寄りの位置にある。本来は無人島で、東島（女島）と西島（男島）の二つの小島と数十の岩礁からなり、面積は合わせて東京ドーム五つ分。行政的には島根県隠岐郡隠岐の島町に属している。ごつごつした岩の島で、飲み水がなく居住に適さない。

一方、韓国側から見れば、東海岸の江原道三陟（サムチョク）市から東に一一五キロの東海（日本海）にあるウルルン島（鬱陵島）の南東八十八キロに独島がある。だから韓国の方がより近い。韓国では、慶尚北道鬱陵郡鬱陵邑鬱陵里とされている。

韓国が主張する歴史的根拠

では両国が領有を主張する歴史的根拠は何か。

まず竹島の北東にある、人が住み郡庁も置かれている大きな島、ウルルンド＝鬱陵島については、朝鮮王朝が長い間、空島政策をとって無人になっていた。空島政策は倭寇や女真族の襲撃から避けようとしてとられたもので、第三代王の太宗から第二十六代王の高宗まで実に四〇〇年間以上にわたって取られた。この間の十七世紀ごろ、鳥取藩がこの島を竹島と呼んで、あわびを採るなど八十年間ほど実効支配していたことがあった。この鬱陵島がもともと韓国に属する島であることは、現在も両国の間で争いはない。問題は現在の竹島（独島）が鬱陵島の属島として、古くから韓国が領有していたかどうか、いや自国領として認識していたかどうかだ。

まず韓国の主張を見てみよう。竹島が韓国領土だという韓国側の本は数多くある。その中で、ある程度客観的にまとめられている金学俊著「独島竹島　韓国の論理」（論創社、〇四年五月発行）によると、こうだ。

まず韓国に現存する最古の歴史書「三国史記」（全五十巻）は、高麗時代の一一四五年に編纂されたものだが、その中の新羅本紀に于山国（ウサンコク）についての記述がある。

「智証麻立干」一三（五一二）年六月、于山国が帰服して毎年、物産を捧げてくるようになった。于山国は溟州の東にある海の中の島で、鬱陵島とも呼ぶ。その地方は一〇〇里で人々は乱暴で、それまでは屈服しなかった」

この于山国について、韓国の学者たちは鬱陵島と独島を含んだ国の名前だと主張している。しかし「三国史記」には独島にあたる具体的な島の話はない。

次に一四五一年に出された「高麗史」巻五八地理志に以下の記述がある。

「鬱陵島は蔚珍県の正東の海の中にある。新羅の時は于山国といったが、武陵とも羽陵とも言った。地方は一〇〇里である。于山と武陵は本来二つの島で、互いに距離は遠くはなく、天気が晴れれば眺めることができると言う」

つまり二つの島があると記述している。

また翌一四五二年に発行された「世宗実録」の地理志の巻一五三には、「江原道蔚珍県にはいくつかの島がある。その中に于山島と武陵島がある」として、やはり「天気がよければ互いに眺めることができる」と記述している。武陵島とは鬱陵島のことである。

さらに一四九九年の「成宗実録」巻七二には「東海の真ん中に鬱陵島以外に三峰島という誰も行ったことがない島がある」として、「一四七六年に十二人が五隻の船に乗って九月ごろにこの三峰島を見てきた。島は北部に三つの岩があり、小島や中島があった。中島の西にまた小島があるが、海水が通じて流れ、島と島の間には人形のようなものが三十ほど並んで立っていた。十二人はそれを見て怖くて上陸できず島の絵を描いて戻った」とある。

この記述が後に書き加えられたりしたものでないとすれば、これはまさに竹島を思わせる記述だ。人形のようなものが三十ほど立っていたというのは、竹島などで多く見られるアシカではないだろうか。

日本側の記録

一方、日本側は一六六七年に出雲藩士の斎藤豊仙が書いた「隠州視聴合記」の中の「国代記」で、松島（現在の竹島）と鬱陵島を日本の西北限の領土と記していることを根拠にしている。

また一七七九年に刊行された長久保赤水の「改正日本輿地路程全図」に、現在の竹島の位置関係を正しく記載している。（イ）

また江戸時代初期、鳥取藩の大谷、村川両家が幕府から鬱陵島を拝領して渡海免許を受け、毎年島に行って漁をしていたが、竹島は鬱陵島へ行く途中の寄港地、漁労地として利用してきた。そして遅くとも一六六一年には両家は幕府から竹島を拝領していた。（ロ）

一六九六年に日韓の交渉の結果、幕府は鬱陵島への渡航を禁じたが、竹島への渡航は禁じなかった。

（ハ）

一九〇五年の島根県編入後、官有地台帳に記載され、一九四一年までここでのアシカ漁を許可制にしてきた。（ニ）

以上のイロハニが、日本の外務省が挙げている根拠だ。

これら二つを比べると、韓国の方が二〇〇年ほど古く、竹島は韓国のものということになる。

于山島が現在の竹島を指すとはいえない

しかし問題は、韓国がいう于山島や三峰島が現在の竹島（独島）を指していたかどうかだ。韓国の歴史書を見ると、于山島についての記述はかなり混乱していて、ウルルン島を于山島と呼ぶ場合がかなりあった。たとえば朝鮮王朝第三代の王、太宗の実録によると、于山島から竹や水牛の皮、綿花が奉納され、そこには十五世帯八十六人が居住していることが報告されたとある。

現実の竹島は全くの岩礁であって、いまはコンクリートの建物を建て、警備隊員らが頑張って常駐しているが、当時は住むことは不可能だったため、この「太宗実録」でいう于山島はウルルン島を指すことは間違いない。ちなみに、太宗はこの島に倭寇と女真族による侵略が相次ぐことから、住民全員を本土に移して島を留守にする空島政策を命じている。このため鳥取藩が八十年間ほど実効支配したのだ。

于山島について、金学俊氏は次のような記述もあると指摘する。

一五三一年に書かれた「新増東国輿地勝覧」の巻四五、蔚珍県条のくだりだ。

「于山島鬱陵島一云武陵、一云羽陵、二島在県正東海中、三峯撑空、南峰稍卑、風日清明則峯頭樹木及山根沙渚、歴歴可見、風便則二日可到」これは東の海にウルルン島と于山島の二つの島があることを述べ、三つの峰があることにも触れているので、この于山島はいまの竹島を指すというのだ。

しかし、この「新増東国輿地勝覧」には「一説に于山と鬱陵はもともとひとつの島だという」という註がある。また「新増東国輿地勝覧」の地図に描かれている于山島は、鬱陵島とほぼ同じ大きさなのは当時の書き方として止むを得ないとしても、于山島の位置が鬱陵島と韓半島の中間になっている。しかし竹島は鬱陵島よりも韓半島から離れた位置にある。このことから当時の朝鮮王朝は、鬱陵島以外に于山島という島があるという認識を仮に持っていたとしても、それがどこにあるかはっきりした認識を持っておらず、観念的な概念に過ぎなかったと考えられる。

また十八世紀後半に書かれた「東国文献備考」の中の「輿地考」では、鬱陵島について触れている所に次のような分註がある。「輿地志に云う。鬱陵、于山、皆于山国の地。于山は則ち倭の所謂松島なり」

韓国側はこの記述をもって、于山島とは日本でいう松島（現在の竹島）であり、于山島は鬱陵島が于山国と言っていた時代からすでに鬱陵島の属島だった。そしてその于山国は五一二年、異斯夫（イサブ）という武将が征伐して新羅に編入されているので、独島は古く新羅時代から韓国の領土であることは間違いないとしている。

そして「東国文献備考」より古い「世宗実録地理志」（一四五四年）や「東国輿地勝覧」（一四八一年）にも于山島の名があるとして、独島が韓国領だとする根拠としている。

ところが、下条正男著「竹島は日韓どちらのものか」（文春新書）によると、「輿地考」のこの分註は改竄《ざん》されているというのだ。下条氏によると、こうだ。

于山島が日本が言う松島だという説は、一六九六年六月、鳥取藩に密航してきた安竜福（アン・ヨンボク）が朝鮮に帰国後に言い始めた。先に挙げた「東国文献備考」は一七七〇年に編纂《さん》された。安竜福の証言から七十四年後である。そして「輿地考」の分註は「輿地志に云う」とあって、「輿地志」からの引用だとしている。この「輿地志」は一六五六年に柳声遠によって書かれており、ここに「鬱陵、于山、皆于山国の地。于山は則ち倭の所謂松島なり」と書かれておれば、竹島（独島）は韓国のものであることの根拠になるだろう。しかし「輿地志」は現存せず確認ができない。「東国文献備考」は編纂期間がわずか五か月であり、「輿地志」から正しく引用されたか、きわめて疑わしい。むしろ人の手が加わって分註の内容が改竄されたと考えるべきだ。その改竄の背景には、安竜福の「松島即ち于山島」という間違った認識が大きく影響したと下条氏は指摘する。

安竜福の大うそ　宮廷派閥争いで一人歩き

安竜福は一六九三年四月、朝鮮の漁民と一緒に大挙して鬱陵島に渡ってあわび採りをしていた時、この島を竹島と呼んで実質支配してきた鳥取藩米子の大谷家の船頭らに捕まり、日本語が多少できることから鳥取藩に連れていかれた。徳川幕府は、安竜福ともう一人の朝鮮人を本国に送還し、竹島（鬱陵島）で漁業をしないよう朝鮮政府に要請せよと、対馬藩に指示。対馬藩は長崎で安竜福らを受け取り、その年の十一月、釜山で二人を朝鮮側に引き渡すとともに、幕府の意向を伝えた。だが、うよ余曲折の末、幕府は一六九六年一月、竹島（＝鬱陵島）を朝鮮領と認め、この島への日本人の渡海を禁じる措置をとり、朝鮮側にもこれを通知する。

ところが、この通知が朝鮮に届く前に、朝鮮政府が処罰を約束したはずの安竜福が、その五か月後の一六九六年六月に仲間十人を連れて再び鳥取藩にやってきたのだ。今度は朝鮮が禁じていた密航である。しかも、このとき安竜福は官職を偽称していた。その官職の名は「鬱陵于山両島監視」という実在しないものだった。目的は「訴訟のため」と言う。彼は前回、鳥取藩から罪人ではなく客人扱いされたことから、鳥取藩を選んだとみられる。再び彼らは鳥取の街まで駕籠《かご》や馬で案内され、ご馳走を振舞われた。これに対して幕府は、すでに鬱陵島への渡海禁止を命じてあり、その島は朝鮮のものだとして、訴えを聞くことも禁じた。これを聞いた安竜福は直ちに船に乗って本国に引き返す。八月、東海岸の江原道に戻った安竜福は日本に密航したことを自ら役人に告げるとともに、「鳥取藩主が鬱陵島と于山島は朝鮮領であることを認めた」と驚くべきうその証言する。

安竜福は漢陽（いまのソウル）の獄舎に連れていかれて厳しい取調べを受けるが、「鬱陵于山両島監視」という官職を偽って名乗ったことと、安竜福が駕籠に乗り、ほかは馬で鳥取の城下に入ったことの二点以外はすべてうその供述をしている。そして鬱陵島問題の背後には対馬藩の陰謀があったとし、自分が鳥取藩主と直談判して鬱陵島と于山島は朝鮮領であることを認めさせたと言う。

安竜福は韓国の英雄となって教科書にも載っているが、彼のうそは山ほどある。まず一回目に鳥取藩に連れて行かれたときに、鳥取藩（韓国では伯耆州の太守という表現を使っている）は彼らを江戸に行かせたといっている。実際には隠岐、米子、鳥取と移動したあと、長崎に護送されて、江戸へはまったく行っていない。

次には伯耆州太守が「鬱陵島は日本の領地ではないので、日本の漁民の出漁を禁止する」という書契を出したが、対馬藩にそれを奪われたと言っていること。実際にはそのような書契は出されていない。

うその最たるものは、鳥取藩主と面談したこと、そこに対馬藩主の父親が息子の命乞いに鳥取にやってきたという点だ。鳥取藩主は当時、参勤交代で江戸におり、対馬藩主は前々年に病没しており、次の藩主の父親は後見役としてやはり江戸にいた。

しかし前述の金学俊氏の本の第四章「安竜福が日本を相手に談判する」の「三、安竜福、隠岐島の島主と伯耆州太守を問い詰める」という個所では、大真面目に次のように書かれている。

「安竜福の取った態度は効果があった。まず対馬藩主の歳をとった父親、宗義貞が上訴だけは阻んでくれと伯耆州太守に懇請した。もしこの上訴が幕府に上がれば、私の息子は必ず重罪になって死ぬだろうといって救命を訴えたのである」

安竜福のこうした供述は当初、疑いの目でみられていたが、南人派と少論派というお定まりの宮廷内部の派閥対立で少論派が勝ち、鬱陵島をめぐる韓日の問題は「鬱陵島をわが物としたい対馬藩の陰謀で起きたものであり、これを解決したのは安竜福」とされてしまった。そして、これら虚偽の供述は、何ら検証されることもなく、政府の公式記録である一七二八年刊行の「粛宗実録」にそのまま収録されてしまう。

安竜福は次第に英雄化される。こうしたことを受けて一七七〇年編さんの「東国文献備考」の「輿地考」では、「鬱陵、于山、皆于山国の地。于山は則ち倭の所謂松島なり」という、あやしげな分註が一人歩きするようになったと下条氏は考える。

韓国では安竜福のうそがいまも物語などで堂々と一人歩きしていて、この証言の事実関係を検証しようとする動きはない。安竜福の英雄化は韓国の勝手としても、日本の文献による裏づけをとろうとする韓国の学者はいないのだろうか。

「于山島」は幻の島　今の竹島（独島）ではない

大変、長くなったが、要は鬱陵島については、日韓の間に争いはない。問題は安竜福のうその証言が一人歩きした結果、于山島は日本が当時、松島（現在の竹島）と呼んでいた島であり、朝鮮領だという歴史的根拠があるとされていることだ。

安竜福は、あわびがよく採れる鬱陵島をめぐる領土問題に決着をつけるため、日本側に鬱陵島と、さらに彼が考える于山島を朝鮮領と認めさせようと密航という冒険を犯したと考えられる。だが、このうちの于山島は実は当時、どこにあるか誰も正確には知らない、いわば幻の島だったが、一般的には鬱陵島の北東にある小さな島とされてきた。しかし彼はそのことを知らない。

安竜福は最初、鬱陵島から鳥取に連れていかれる途中、鬱陵島からほぼ一日の行程のところで、「すこぶる大きな島を見た」と供述している。鬱陵島の南東の方角である。彼はこれを于山島だと思い込んだ。そしてこれも朝鮮の地だと言おうと考えたのではないか。しかしこのあたりで大きな島は隠岐島しかない。現在の竹島は、はるかに小さな岩山の島だからだ。この思い込みが、現在の竹島問題につながる。

朝鮮王朝末期の一八八一年、第二十六代王の高宗は鬱陵島、于山島、松竹島の地図調査を命じる。このあたりの地図がはっきりしていなかったからだ。調査の結果、鬱陵島の東に竹島と島頂があるとされた。于山島についての記述はないが、それまで于山島といわれていたのは竹島（テド）と認定されたようだ。こちらの竹島は人が住む小さな島で、今も竹島と呼ばれている。私も鬱陵島に行って遊覧船で島を一周したとき、この竹島のすぐ横を通ったが、本島の東二、三キロにある小さな島だった。崖に囲まれた島の上は平らで一面に緑の草に覆われ、酪農などが行われているという説明があった。高宗が命じたこのときの調査では、現在の竹島、韓国が呼ぶ独島はまったく対象にならなかった。

こうしたことから下条氏は、韓国が歴史的根拠があるといっている島は、全く別の、存在しない幻の島であって、現在の竹島（独島）のことではない。こうなったのは、安竜福のうその証言が派閥争いで採用され、その後の地理の注釈の改ざんなど、いずれも我田引水的解釈によるものだという。

安竜福は韓国では歴史上の国民的英雄である。歴史教科書には必ず載り、外交官とか将軍とか呼ばれて、鬱陵島には「安竜福将軍忠魂碑」が建っている。

十九世紀末「竹島は朝鮮領」の日本側認識

ただ日本も明治時代後期にいたるまで、竹島を朝鮮領と認識していた時代があった。竹島は一九〇五年（明治三十八年）に日本の島根県に編入されたが、明治政府はそれまでは竹島についてほとんど意識していなかったようだ。

竹島は一八四九年、フランスの捕鯨船リアンコール号が「発見」したとして、西欧では「リアンコール・ロックス（列岩）」と呼ばれていたが、一八九四年（明治二十七）に日本の海軍省水路部が発行した「朝鮮水路誌」の一八九四年版と一八九九年版には、欝陵島とともにリアンコール列岩が載せられていた。そして「日本水路誌」にはリアンコール列岩は載せられていなかった。つまり十九世紀末に日本海軍は竹島を朝鮮領として認識していたことがうかがえる。

また、前記金学俊氏の著書や姜徳相氏の「日朝関係史論集」（新幹社〇三年）によると、一八八〇年代の初め、外務省の田辺太一公信局長による次のような意見を記した内部文書があったという。「聞ク松島（現在の竹島）ハ我が邦人ノ命ゼル名ニシテ、其実ハ朝鮮欝陵島ニ属スル于山ナリ。欝陵島ノ朝鮮ニ属スルハ旧政府の時一時葛藤ヲ生ジ文書往復ノ末永ク証テ我有とセザルヲ約シ載テ両国ノ史ニ在リ。今故ナク人を遣イテコレヲ巡視セシムバ此ヲ他人ノ宝ヲ数フトイウ……」

日本側にもこのような混乱はあった。しかしこれらも歴史的にきちんと分析したうえでのことではなかったと考えるべきだ。

「入会《いりあい》の島」だったので紛争の地に

こういう経緯があったかもしれないが、現在の日本の外務省の姿勢に少し腰が引かれているようにも感じられる。外務省は韓国との間で竹島についての公式論争をまだしていない。しかし安竜福のうそは、日本の諸文献と照らし合わせば簡単に決着がつく問題である。

韓国では「独島は歴史的にも、国際法的にも韓国のものである」ということばが、おうむ返しのように言われる。しかしその歴史的根拠自体が実はあやふやなのだ。韓国人は竹島のこととなると、むきになり感情的になる。冷静に議論をする姿勢が全くない。理論的根拠をきちんと言える人はいない。ただ韓国のものだと教え込まれたため、それを主張しているだけである。小学校のときから、日本帝国主義が奪った領土の象徴として教え込まれ、これを死守することが合言葉のようになっているからだ。

もともと近代国家成立以前は、本土から遠く離れた地域、とくに島などは、そこがどの国の領土かはっきりしていない場所が数多くあった。それはどの国に属そうが、さしたる意味を持たず、付近の民の入会《いりあい》の場所だった。それが近代国家になって国境線が意味を持つようになった。

竹島の場合、朝鮮本土や欝陵島からかなり離れた波の荒い日本海にあるため、日本の船のほうが数多く行っていたと考えられるが、朝鮮側がまったく行かなかったとは考えにくい。岩礁がある海域は魚が集まる。恐らく日韓両国の漁民が魚やアシカなどを求めて、時々ここにやってきていたと思う。したがってここは本来、あいまいな場所だったのではないだろうか。しかし近代という時代はそんなあいまいさを許さず、どちらかに決めることを求めた。

現在は韓国が竹島を実効支配し続けており、このことは韓国にとって有利、日本にとって不利である。だが外交面では依然として国際的な紛争地となっている。しかし韓国政府は紛争地になっていること自体を国民には伏せるようにして、この問題はすでに解決していると説明している。現実には決して解決していないのだが、韓国の人たちは当時の高野大使が「竹島は日本の領土だ」と発言すると、興奮激高して、「日本の妄言」と叫ぶ。この問題は、実効支配している方が有利なのだから、韓国の人たちは、もう少し冷静になってほしいものだ。

このように安竜福の嘘が独り歩きした結果が、独島（竹島）についての韓国側の歴史的根拠となっている。

慰安婦問題が、嘘の吉田証言によって、「二十万人の若い女性が駆り出され性奴隷にさせられた」という韓国側の認識にエスカレートし、国際問題になったのと似ている。

コラム　韓国の高校歴史教科書から

「韓国の歴史教科書、検定版、高校韓国史」三橋広夫、三橋尚子訳、二〇一三年明石書店発行の二〇四ページには、以下の記述がある。

〈歴史の窓　近代施設に対する民衆の抵抗〉

日帝は鉄道の敷設や電信施設の設置のために土地を奪い、農民を強制労働に動員した。完工した鉄道は戦争だけでなく収奪した物資を運ぶのにも利用され、侵略の道具と認識された。電信施設と郵便施設は東学農民運動や義兵の動向把握と鎮圧に積極的に利用された。

そこで義兵は鉄道敷設を妨害したり鉄道施設を破壊したりし、電信施設や郵便施設を攻撃した。一九〇七年には一〇〇か所以上の郵便所や郵便取扱所を攻撃して火を放ち、一九〇九年には七十七本の電柱を破壊した。

〈さらに二二四ページの本文の記述〉

朝鮮総督府による土地調査事業の過程で公共機関の土地、所有権が不明な村や一族の共有地、荒蕪地や未開墾地など多くの土地が国有地として処理され、朝鮮総督府の所有となった。朝鮮総督府は最大地主となり、財政収入が増大した。朝鮮総督府はこのようにして奪った土地を、東洋拓殖株式会社をはじめ植民会社や日本人に安価で売り渡した。

第三章　反日の歴史的背景

韓国はハン（恨）の国ともいわれる。ハンとは恨みのことである。それも単純なものではなく、永い歴史を通じて絶えず隣国からの抑圧を受け耐えしのんできた屈折した感情、無念、悲哀、屈辱、それらから解き放たれたいという願望などが入り混じった民族感情ともいえる。このハンの背景には、近代の日中戦争や太平洋戦争だけではない永い歴史がある。われわれはこれらを知り理解する必要がある。

日本は過去に何度もアジア諸国を侵略した、大変申し訳なかったと反省するのは、日本では「自虐史観」だとされる。そういう主張をする人たちは、日本が大東亜戦争をしたのは自国を護るためだった、近隣諸国を欧米の侵略から救うための正義の戦いだったと言う。戦争によって失われた生命、心、財産への損害は見て見ぬふりし、あるいは小さくする。なんて自分勝手な解釈なのだろうか。歴史の事実を直視せず、自国に都合よく曲げよう、正当化しようとする考え方は、「自虐史観」に対して「ご都合史観」とでもいうべきだろう。

韓国は何度も日本に侵略されてきた。何度もというより侵略され続けてきたといった方が正しい。

日本が韓国に対して行ってきたことを見てみたい。侵略や戦争による犠牲者の数や歴史的事実については異論があるかもしれないが、韓国ではこのように認識されていることをぜひ知ってもらいたい。

元寇の仕返し　倭寇

朝鮮半島への日本の侵略の始まりは、神功皇后《じんぐうこうごう》の三韓征伐だったといわれる。西暦でいえば三世紀のことだ。四世紀には「朝鮮半島南部を倭が侵略していた」とする記述が、中国吉林省集安県にある有名な「広開土大王」の石碑に刻まれている。

十三世紀、日本の九州北部は、元と高麗による元寇《げんこう》の襲来を二度にわたって受ける。いずれも大型台風によって船団が全滅し日本は難を逃れるが、この仕返しが倭寇《わこう》となった。

十四世紀、鎌倉幕府は二度にわたる元寇で力を失い、その権威は九州には及ばなくなっていた。経済的基盤を失った西国武士らは、フビライの元軍とその支配下にあった高麗軍によって身内を虐殺された対馬、壱岐、松浦、それに五島の住民らとともに、復讐《しゅう》の意味もこめて朝鮮半島沿岸や内陸部を襲った。

記録に残っている朝鮮半島への倭寇の最初は一三五〇年。その後一四四四年までに実に五〇〇回以上の襲撃があったとされる。初めは税の運搬船や穀物倉庫、秋の収穫期をねらっていたが、次第に時を選ばず都にも攻め入るようになったという。「高麗史」や「国朝典彙」には、倭寇は内陸奥深くまで侵入し、金品、穀物、野菜、そして人まで奪い、残虐の限りをつくしたとある。

いったん下火になっていた倭寇は、勘合貿易で明との貿易を支配していた大内氏が一五五一年に滅亡すると再び盛んになった。この「後期倭寇」は、王直ら中国人が多かったとされるが、王直が平戸を根拠地にするなど、やはり松浦、壱岐、対馬などを根拠地とし、海南島に至る東アジアの広範囲を荒らしまわった。

全土を焦土にした秀吉の侵略

韓国を文字どおり焦土としたのが豊臣秀吉の二回にわたる侵略である。韓国では壬辰倭乱（イムジンウエラン）、日本で文禄・慶長の役と呼んでいる、

一五九二年四月、秀吉の派遣した十六万の大軍は釜山に上陸した。明を征服するための道案内を要求することを口実にしたものだったが、一方的な侵略にほかならない。鉄砲で武装し相次ぐ日本の戦乱で戦争のプロと化していた秀吉軍は、わずか二十日で首都漢陽（ハニャン）、いまのソウルを占領。さらに北上して平壌、咸鏡道（ハムキョンド）と、中国国境の鴨緑江まで到達した。しかし宗主国の明軍が来援南下してきたのと、地方豪族の抵抗、名将李舜臣（イ・スンシン）の水軍が日本の水軍に

壊滅的打撃を与えたことなどで、日本からの食糧などの補給が困難になり冬を迎え、日本軍は漢陽、さらには釜山まで撤退、こう着状態となって明との間で講和をはかった。

一五九三年六月、日本軍は十二万の兵力で南海岸に近い晉州城を攻撃し、八日間にわたる死闘の末、城にいた七〇〇〇人の朝鮮軍と五万人余の民衆を虐殺した。

講和がはかどらないことに業を煮やした豊臣秀吉は、一五九七年一月、十四万の大軍を再度上陸させ、全羅道、忠清道に向かって進撃を始めた。この進撃の際、日本軍は朝鮮軍兵士だけでなく民衆を手当たり次第に殺して鼻をそぎ、それを腰につけた袋の中に入れたという。これは秀吉の指示によるものだった。京都にある「耳塚」は、こうした何十万もの朝鮮人の鼻を祀った所だ。いつの間にか耳の塚にされているが。

秀吉の後に天下をとった徳川家康は、朝鮮との間で友好善隣政策をとる。初めての平和な時代の到来である。江戸時代、朝鮮から日本への朝鮮通信使が十二回送られてきた。しかし日本からの使節は防衛上の立場から断られた。朝鮮は日本を信用できなかったのだ。

維新で強国になった日本、韓国侵略開始

近代に入り、日本は朝鮮半島の支配をめぐって最初は当時の清、次にロシアと対立し、次第に半島を直接支配するようになる。一八四〇年のアヘン戦争に敗れた中国が西欧列強によって植民地化されるのを見た日本は、明治維新を成し遂げ、欧米の技術・制度を積極的に取り入れ、急速な資本主義化、富国強兵策を進め、アジア最初の近代的国家の体裁を整える。そして隣国朝鮮に侵略のほこ先を向けた。

一八七六年、日本は秀吉以来の「朝鮮征伐史観」「朝鮮蔑視の思想」にもとづき海軍力で脅して朝鮮との間で江華島条約＝日朝修好条規を結ぶ。これは幕末に日本が欧米との間に締結を余儀なくされた不平等条約と同じ性質の、日本に有利、朝鮮にとっては徹底的に不利な条約だった。朝鮮はさらに英米独仏の列強とも同じような条約を結び、これによって、朝鮮はいやおうなく国を開港し資本主義制度の道を歩むことになった。朝鮮は時には宗主国である清に助けを求め、時には南下してきたロシアの力にすがって、日本など列強の影響から逃れようとした。

虐殺の原点となった東学農民戦争

一八九四年、東学農民戦争（甲午農民戦争）が起きる。東学党の乱とも、東学農民革命とも呼ばれる。閔（ミン）氏政権による重税政策で生活が苦しくなり、政府の外国への弱腰に業を煮やした南西部、全羅道の農民たちが、改革を求めて武装蜂起したのだ。東学とは、急速に流入する西洋文明に反発し西洋の学問に対抗して民族の団結をはかろうとする学問だが、儒教、仏教、神仙教を合体させた一種の宗教で、「人すなわち天」、人間の平等をかかげるユートピア思想の団体だった。政府軍が鎮圧に赴いたが、東学農民軍はこれを破ってたちまち全羅道全体を制圧する。閔氏政権は清に援軍を要請するが、天津条約にもとづいて日本も軍を朝鮮に送り、両国軍は反乱が収束したあとも朝鮮から撤退せずにらみ合う。ここに日清戦争が始まる。

東学農民戦争は日清戦争のひきがねになったと、日本の歴史書には簡単に記されているが、実は日本軍による朝鮮人大殺戮《さつりく》の作戦だった。東学党による春の第一次蜂起は、あわてた閔氏政権の妥協でいったん収まったが、日清戦争に大勝した日本軍はその後も朝鮮にいすわった。クーデターで政権をとった大院君は東学と組んで日本軍を追放しようとしたこともあって、同じ年一八九四年十月には農民の蜂起は全国各地に広がった。第二次蜂起の農民大反乱である。その数は三〇〇万人ともいわれ、まさに竹やり、こん棒による蜂起だった。しかし近代的武器を持ち訓練された日本軍は、たちまち東学軍を全羅道海岸部に追い詰め、ことごとく殲滅《せん》した。日本軍、親日的な政府軍、両班・地主による儒兵たちは、多数の農民軍を斬殺・銃殺していった。金両基監修「図説韓国の歴史」には、殺された朝鮮人は二十万とも三十万ともいわれるとある。

東学農民戦争はこうして終わりを告げたが、この虐殺は日清戦争の陰に隠され、永い間、歴史の闇に葬られてきた。北大名誉教授の井上勝生氏によると、北大には全羅道の珍島で一九〇六年に採取されたという人骨が学術保管されているが、この説明書きには「東学党の主導者数百人が殺され道に横たえられていた。主だった者はさらし首だった」と書いてあるという。

井上勝生氏は、この戦争に従軍した徳島県の兵士が書いた「陣中日誌」を子孫の家で見つけた。この日誌は全羅道羅州での処刑について次のように記している。

当地（羅州）に着するや、（羅州城の）南門より四丁ばかり去る所に小さき山あり、人骸累重、実に山を為せり……彼の民兵、或いは我が隊兵に捕獲せられ、責問の上、重罪人を殺し、日々拾二名以上、百三名に登り、依てこの所に屍《しかばね》を棄てし者、六百八十名に達せり、近方臭気強く、土地は白銀の如く、人油結氷せり……（中塚明、井上勝生、朴孟洙「東学農民戦争と日本」高文研）

この事件は、朝鮮人をいとも簡単に虐殺するようになった原点となった。

朝鮮を日本に併合

日清戦争で日本が勝った結果、朝鮮での清の権益は駆逐され、朝鮮は中国の属国から脱して一八九七年、「大韓帝国」となる。日本は一八九五年、ロシアへの接近をはかる朝鮮王朝第二十六代王で皇帝、高宗の王妃、明成皇后（閔妃＝ミンピ）を殺害する。そして満州を南下して韓半島をうかがうロシアとの間で一九〇四年、日露戦争となり、これにも勝つ。ロシアのアジアへの進出を嫌う英米の後押しがあった。

こうして朝鮮の支配を徐々に強めていった日本は日露戦争後の一九〇五年、前年の財政と外交に関与の第一次協約に続いて第二次日韓協約（乙巳《ウルサ》保護条約）を結び、朝鮮の外交権を奪う。〇六年、統監府を設置して朝鮮政府を傀儡《かいらい》化させる。〇七年、ロシア寄りの皇帝、高宗を退位させ、軍隊を解散させ民衆の抵抗運動を撃破する。しかし解散させられた元軍人も加わって各地で義兵による反乱はあとを絶たない。

日本軍は中部と東南部の義兵運動を鎮圧したあと、一九〇九年九月、十月の二か月間、西南部の全羅道の海岸を海から逃げられないように完全封鎖したうえで、「南韓大討伐作戦」を行った。このとき日本軍が虐殺した義兵は一万七六八八人、負傷者三七〇六人だったと、日中韓三国共通歴史教材委員会「未来をひらく歴史」は記している。

こうして一九一〇年八月二十二日、朝鮮は日本に併合される。朝鮮の内閣総理大臣、李完用は日本の寺内正毅朝鮮統監との間で併合条約に調印。この第一条には「朝鮮国皇帝陛下は朝鮮全部に関する一切の統治権を完全かつ永久に日本国皇帝陛下に譲与する」第二条には「日本国皇帝陛下は前条に掲げたる譲与を受諾しかつ朝鮮を日本帝国に併合することを承諾す」とあった。三十六年間におよぶ日本による圧制の始まりであった。

直後の八月二十九日、初代総督の寺内正毅は「小早川（秀秋）・加藤（清正）・小西（行長）が世にあらば、今宵《こよい》の月をいかに見るらむ」とうたい、秀吉の夢がここに実現したことをたたえた。

以来、朝鮮人は「皇国臣民」であることを強要された。農民は合法的に土地を収奪され、コメは日本に買われて持っていかれ植民地経済化が進んだ。漢陽から漢城に変わっていた首都の名前は、日本式の京城《けいじょう》と改められた。日本から一万六〇〇〇人の憲兵と警察官が派遣されて村々に配置され住民を監視した。二個師団の陸軍も駐留して反乱に備えた。

以上の歴史の見方は、韓国側の見方とほぼ同じで韓国側の認識の線を大幅に超えていないと思う。とにかく日本は韓国を併合した。しかし歴史資料を読むと日本は最初から併合の方針だったのではなく、安重根に撃たれた伊藤博文はその段階での統合に反対していたようで、撃たれたときも「おれを撃つなんて馬鹿な奴だ」とつぶやいていたという。むしろ欧米がアジアでやっていたような植民地にしたほうが日本の負担が軽く、収奪も容易だったと考えられる。

しかし日本は併合という道を選び、毎年、相当な予算を朝鮮につぎ込んだ。この結果、教育、衛生、医療、工業、社会インフラが急速に整備されていった。一九〇七年度に朝鮮王朝の歳入は七四八万円だったが、歳出は三〇〇〇万円を超え、その差額は日本が負担した。そうした社会開発について韓国では「日本帝国主義の産物で日本のためのものであり、民族産業を停滞させた」と主張しているが、朝鮮近代化に役立った面は否定できないと思う。

また日清・日露戦争にしても、清やロシアと結びつこうとする大院君、閔妃、高宗の勢力と日本政府との対立がきっかけで戦争に発展しており、結果的には日本帝国主義による膨張であっても、裏には歴史の表面には出てこない当時の数多くの状況があった。結果だけを簡単に書く歴史教科書だけでは、真の歴史を知ることはできない。

三一独立運動と堤岩里事件

一九一九年の三一独立運動では七六〇〇人が殺されたという数字がある。(前掲「図説韓国の歴史」)この運動は、アメリカのウイルソン大統領が「十四か条の平和原則」を発表したことで民族自決の機運が広がり、東京では一九一九年二月八日、在日留学生らが先駆的な「二・八独立宣言」を発表した。これを受けて韓国でも、急死した高宗の葬儀が三月三日に予定されていたことから、天道教、キリスト教、仏教の指導者らが、三月一日、仁寺洞で「三一独立宣言」を読み上げた。指導者らは運動の大衆化、一元化、非暴力の三原則を掲げたため、運動に共感した参加者たちは「独立万歳」を叫びながら街を行進した。こうした平和的な運動だったが、朝鮮総督府は三か月かけて武力鎮圧し、一万二〇〇〇人余を逮捕し、このうち三九六七人が有罪判決を受けた。死刑はなかったが、現場では抵抗したとして射殺し、死者は七六〇〇人を超え、負傷者は四万五〇〇〇人にのぼったとされる。

こうした中で京畿道水原市南方の堤岩里（チェアムリ）では、日本の官憲が住民を地区の教会に押し込めて一斉射撃のうえ火を放ち、駆けつけた若妻までも殺すなどで三十数人を虐殺した。類似の事件は各地で起きた。

こうした日本の行動は国際的にも非難を浴び、朝鮮総督府は武力だけでは抑えきれないとして懐柔政策もとり始め、東亜日報、朝鮮日報の発行を認める。

関東大震災で朝鮮人を虐殺

生活が苦しい朝鮮の人たちは、仕事を求めて日本本土に次々に渡っていった。なかでも済州島から大阪方面に行った人が多かった。こうして日本で下積みの生活を送っていた彼らは、さらに命までも日本人に奪われることになる。一九二三年（大正十二年）九月一日、関東大震災が起きると、「朝鮮人が井戸に毒を入れた」「朝鮮人が襲撃してくる」という流言飛語が飛び交い、被災してさまよっていた朝鮮人たちは自警団によって惨殺される。その数は六〇〇〇人にのぼったと韓国では受け止められている。大震災による死者行方不明は十万五〇〇〇人に達したが、この中に朝鮮人が多数含まれていた。

当時の内務省警保局長は、九月三日、「朝鮮人は各地に放火し不逞《ふてい》の目的を遂行せんとし……」と、事実確認にもとづかない指示を海軍船橋送信所から無線で各地へ打電している。ちなみに当時はまだラジオ放送もなかった。大震災翌々年の二十五年に最初のラジオ放送が始まった。だから人々はデマにまどわされたといえるが、実に許されない蛮行だった。

関東大震災での朝鮮人虐殺は歴史のかなたに消え去ったように思えたが、二〇一四年になって韓国で事件の真相究明を求める市民運動が盛り上がり、韓国国会に真相究明と犠牲者の名誉回復を求める特別法案が提出された。

創氏改名と慰安婦

一九三七年、日中戦争が始まると、朝鮮は食糧調達などの後方基地にされ、神社参拝、創氏改名、学校教育からの朝鮮語の追放と日本語の使用を強いられた。なかでも日本式の氏名への変更を強制した創氏改名は、家門の名誉を尊ぶ誇り高い朝鮮人にとって耐え難い屈辱だった。(しかしフィリピンで戦犯となり処刑された洪思翊(ホン・サイク)陸軍中将のように韓国名を続けていた例外もあった)

一九四一年、戦争が太平洋戦争に拡大されると、大勢が強制動員されて日本本土などに送られた。現在のソウル南山には日本によって朝鮮神宮が建てられ参拝を強要された。仁川など主な都市にも日本の神社が建てられた。もちろんこれらの神宮・神社はいまは残っていないが石段などの跡を見ることはできる。この時期にだまされて集められ戦地に送り込まれた慰安婦も多かったと考えられる。四十四年には徴兵制も施行され二十万人の青年が日本軍に編入された。

一九四五年八月十五日、日本はポツダム宣言を受諾して連合国に無条件降伏した。朝鮮でも九月九日、阿部信行朝鮮総督がアメリカ進駐軍代表を前に降伏文書に調印した。朝鮮はついに解放された。この時点で日本本土には二五〇万人の朝鮮人がいたとされる。それは当時の朝鮮の人口の一〇％に相当した。

朝鮮戦争で全土が焦土に

そしてアメリカによる三年間の軍政のあと、大韓民国政府が発足するが、ソビエトに占領された三八度線より北側は、別の国の朝鮮民主主義人民共和国として独立し南北が分断される。

一九五〇年六月二十五日未明、北朝鮮軍が突然、三八度線を越えて韓国側になだれ込む。不意をつかれた韓国軍は総崩れとなり、たちまち釜山周辺まで追いつめられる。しかしアメリカ軍を中心とした国連軍が仁川に逆上陸して戦況は一変。ソウルを取り返し北朝鮮の首都平壌を越えて中国国境の鴨緑江まで追いかけるが、ここで「中国義勇軍」が参入。韓国・国連軍はずるずると後退して再びソウルを奪われる。それを取り返して三八度線前後まで進んだところで戦線は膠着状態となり、三年後の一九五三年に休戦協定が成立する。韓国はこれに署名しなかった。三年間続いた戦争で、首都ソウルは四回も戦場となり、韓国は釜山など一部を除いて全土が焦土と化した。命を失った人、負傷した人は、敵味方、軍・民間含めて二四〇万人とされる。（児島襄『朝鮮戦争』）これは太平洋戦争での日本軍の戦死者に匹敵する。

日本の植民地になっていなかったら、南北分断もなかった、朝鮮戦争も起きなかったと、韓国の人たちはこの戦争でも日本を恨む。

韓国人が日本に対して抱く特別な感情

このように見てくると、韓国人が日本に対して簡単には消せない怨念《おんねん》を抱いているのも、当然のことと言えるのではないだろうか。永い歴史の中で、わずかに日本による侵略がなかったのは江戸時代だけで、それも秀吉の徹底的な侵略の傷跡を埋めるのにかなりの年月がかかっていた時期のはずである。しかも近代になってからの日本による三十六年間の統治は、誇り高い韓国人のプライドをいたく傷つけたはずである。仮に日本人が韓国から同じような歴史的侵略を受け続けていたとすれば、どうだろう。韓国に対して特別な感情を抱くことは避けられないであろう。

古代の新羅は何度も北部九州を襲っている。また二度にわたる元寇のとき、支配者である元に命令されて九〇〇隻の船を作り、これに乗って元軍・南宋軍と一緒に九州を攻めた。この時、高麗軍は壱岐、対馬、平戸を襲って殺戮・凌辱をしている。

このほか世宗大王のときなどに倭寇に手を焼いて対馬を襲ったことが二回ある。しかし京や江戸などを焼きはらうことまではしていないのである。歴史の中で日本が韓国に対してしたことと、韓国が日本にしたことは比べようもない。

まさしく韓国はハン、恨（うらみ）の国だ。日本に対して消しがたい恨みを抱いてきた。だが日本以上に韓国を徹底的に侵略し長く支配した国が歴史的にある。それはモンゴルである。高麗は一二三一年以来六回にわたるモンゴル軍の侵略を受け、一二三二年には首都を開城（現在、北朝鮮）から江華島に移して戦ったが一二五九年には降伏した。その後一〇〇年にわたってモンゴル（元）の間接支配を受けている。済州島まで逃れて最後まで抵抗した三別抄軍も、鎌倉幕府に支援を断られ、一二九五年にはモンゴルと高麗王軍によって殲滅させられている。

だのにモンゴルに対する怨念は残っていない。これはモンゴルが高麗王朝の歴代王子をモンゴルの姫と結婚させた婚姻による同化政策と、それにもとづくゆるやかな間接支配だったことも関係しているようにも思う。

秀吉の侵略から三十年あまりしかたたない一六三七年、こんどは満州族による十二万の清軍が朝鮮半島を南下し首都漢城に迫った。このとき朝鮮王朝第十六代王の仁祖は漢城南の南漢山城に四五日間たてこもったが、衰退していた明の助けは来ず、食料がつきて清王の前にひざまずき降伏する。このあと朝鮮王朝は清と臣従関係を結び近代にいたるまで清に従う。それでも国の独立は認められていた。この時代が違うとはいえ、ここらあたりが日本に対して韓国の人たちが抱く特別な感情の背景になっている。

私は一九九四年に韓国に行ったとき「朝鮮は日本の植民地だった」と韓国人に言われ、そうだとは思いながらも何か違和感を持った。朝鮮は日本に併合されたが欧米の植民地とは違っていたはずだ。日本国籍が与えられ、移動が自由などほぼ平等だった。欧米の植民地が単一作物経済を中心として工業を発展させず収奪の一方だったのに対して、朝鮮ではかなりの工業が発展していた。日本陸軍の志願兵募集では六二倍という競争率のときもあったという。

永らく衆議院の選挙権は与えられていなかったが、敗戦前の一九四五年四月には二十二議席が割り当てられた。日本にしてみれば、相当の費用もつぎ込んで朝鮮の発展をはかったと言いたいところだが、韓国側からは鉄道や港湾、学校なども日本が収奪しやすいように作っただけだという論理になる。

第四章　不十分な反省と謝罪

これまで見てきたように、日本は隣国韓国に対して膨大な侵略を重ねてきた。では、これまでにきちんとした謝罪や償いがなされてきたのであろうか。答えは否である。

日本の敗戦後、日韓関係は正常化されず対立を続けてきた。しかし冷戦時代、東アジアでの反共国家ベルトづくりを望むアメリカの後押しもあって、う余曲折の末、一九六五年六月二十二日、当時の佐藤栄作政権と朴正熙政権による日韓基本条約が日本と韓国の間で締結され、初めて国交が正常化された。これが、その後の日韓関係を規定することになった。

カネですませた日韓基本条約

韓国人が「韓日協定」と呼んでいるこの条約は、「日韓（韓日）基本条約」と四つの協定で構成されている。その四協定とは「請求権と経済協力協定」、「漁業協定」「在日韓国人地位協定」「文化財と文化協力協定」である。

五一年九月八日のサンフランシスコ講和条約で、韓国は戦勝国としての締結国に入れられなかった。このため日本と韓国は二国間で平和交渉をすることになった。しかし基本条約と四協定が結ばれるまでには、実に十四年もの歳月がかかった。交渉は朝鮮動乱の最中の一九五一年十月二十日の予備会談から始まった。そして五二年二月の第一次会談から六五年の調印直前の第七次会談まで、決裂しては、しばらくたって再開することが繰り返され、十四年間にわたって交渉が続けられた。

第一次会談直前の五二年一月十八日、韓国の李承晩大統領は韓国の漁業水域を一方的に広げる平和線、李承晩ラインを宣言して、日本の漁船を次々に拿《だ》捕した。第一次会談で韓国側は、日本の当時の国家予算の三倍に相当する二十億ドルの請求権があると主張、これに対して日本側は、日本が韓国に残してきた財産分を差し引くように求めた。

五三年十月から東京で始まった第三次会談では、韓国側が「日本が三十六年間の蓄積を返せというならば、韓国側としても三十六年間の被害を補償せよというほかはない」と発言した。

ここで久保田発言という問題発言が出た。日本側代表の久保田貫一郎外務省参与は言った。「日本は朝鮮の鉄道や港を作ったり農地を造成した。大蔵省は多い年には当時のカネで二〇〇〇万円も持ち出した」「これから先にいうことは記録にとらないでほしい。私見だが、当時、日本が朝鮮に行かなかったら、中国かロシアが朝鮮に入っていたかも知れない」

韓国側はその場で反論した。「あなたは日本が来なければ韓国人は眠っていたように話しているが、日本人が来なければ、われわれはもっとうまくやっていたかもしれない」「二〇〇〇万円とかの金は韓国人のためではなく、日本人のために警察署や刑務所を建てたのではないか」

こうして第三次会談は決裂し、この久保田発言について日本政府は強く支持した。しかし韓国の国会は撤回要求の決議をした。

久保田発言に象徴される歴史認識は、その後も続き、九六年には江藤隆美総務長官がこれに似た発言をしている。「日本は朝鮮で良いこともした。鉄道を作ったり学校を開設したりした」という発言に対して、韓国側から「それらは日本の支配のために作ったものだ」と激しい反発の声が起きた。

しかし、この第三次会談での久保田発言は五四年十月に撤回され、同時に韓国に対する日本側の請求権も撤回された。

五五年十二月一日に放送を開始したＫＢＳ（自由大韓の声、後の韓国放送公社）の日本語放送は、当初から李承晩ラインを犯して拿捕された漁船と漁船員の名前を放送し、これを傍受した東京の新聞社がそれらの名前を翌日の新聞に載せた。ソウルには日本の外交官もおらず、報道機関の支局の開設も認められていなかった。だからこの放送が唯一つの情報源だった。

一方の韓国は一九四九年一月二十日から東京に駐日韓国代表部を設置していたが、日本はソウルに代表部を置くことができず、条約締結後の六五年六月三十日に、在ソウル在外事務所を開設し、十二月十八日の条約発効日から大使館とした。

交渉はことばのやり取りが繰り返され、李承晩政権時代の八年間はいっこうに進まなかった。しかし五十万人がデモをした六〇年四月十九日の四月革命で李承晩大統領が下野してハワイに亡命すると、急速な進展をみせる。

その後の軍事クーデターで政権を握った朴正煕大統領は、韓国が持つ請求権によって日本からまとまった資金を得て、経済開発をしようと積極的になった。

六一年十月、第六次会談が開会され、十一月、韓国側は日本に対して改めて補償要求を以下のように出した。

強制徴用された労務者六六万七六八四人

軍人・軍属三六万五〇〇〇人

合計一〇三万二六八四人

このうち労務者一万九六〇三人と軍人・軍属八万三〇〇〇人の

合計一〇万二六〇三人が負傷または死亡した（負傷二万五〇〇〇人、死亡七万七、六八四人）。

このため生存者一人あたり二〇〇ドル、負傷者二〇〇〇ドル、死者一六五〇ドル、総計三億六、四〇〇万ドルを請求する。（当時、一ドルは三六〇円の固定レートだった）

このほか日本の有価証券や旧円、徴用者の未収賃金、恩給など一一二億円についても韓国側から請求があった。

個人の請求権を経済開発にまわした韓国

そして六二年十月二十日と十一月十二日の二回にわたる金・大平会談で、日本が韓国に支払う金額が決まり、金大平メモが作成された。当時の大平正芳外相と、韓国の朴正熙大統領の右腕で日本への特使である金鐘泌中央情報部長（後に国務総理）との会談である。決まった金額は、無償援助三億ドル、有償援助二億ドル、民間借款一億ドル以上（調印時には三億ドルになる）だった。

朴正熙大統領は金鐘泌氏に対して「八億ドルもらって来い」と指示したという。当時、韓国側は七億ドルを要求していて、それに対して日本側は七〇〇〇万ドルなら出せると答えていた。仲介役のアメリカはこの中間をとって三億八五〇〇万ドルという案を出していた。当時の日本の外貨保有高はわずか十四億ドルだった。

金鐘泌特使は日本がこの金を韓国に支払う根拠として、請求権を主張したが、大平正芳外相は「請求権だと日本の世論が承知しない、経済協力でないと出せない」と言う。これに対して金鐘泌特使は「われわれにはわれわれなりの立場があるので請求権とします。日本が経済協力という表現を使いたければ使ってください」と述べたという。また個人補償は韓国政府が行うことになった。こうして両国で国民に向かって違うことばを使うことで事実上、合意した。この合意を軸に、その後、第六次会談の後半と第七次会談が進められた。

その結果、一九一〇年（明治四十三年）八月二十二日以前に両国間で交わされたすべての条約、協定はもはや無効であることが「確認」され、日韓併合は無効化された。また、日韓基本条約において日本は巨額の資金協力（無償三億ドル、有償二億ドル、民間借款三億ドル）を韓国に対して行うことになった。そして下記の点が確約された。

両締約国は、両締約国及びその国民（法人含む）の財産、権利及び利益並びに両締約国及びその国民の間の請求権に関する問題が、完全かつ最終的に解決されたこととなることを確認する（個別請求権の問題解決）。

一方の締約国及びその国民の財産、権利及び利益において、一方の締約国及びその国民の他方の締約国及びその国民に対するすべての請求権であって一九四五年八月十五日以前に生じた事由に基づくものに関しては、いかなる主張もすることができないものとする（相手国家に対する個別請求権の放棄）。

韓国側は日本によって被害を受けた個人の請求権について日本から資金を得て、これを経済開発に回そうとしていた。しかし最終段階になって日本側は、協定締結後に個人補償を求める裁判が起こることを懸念して、「問題を事前に明白にしておきたい」として、請求権及び経済協力協定の第二条第一項に次の文言を入れることを主張し、韓国側も合意した。

「両締約国は、両締約国及びその国民（法人を含む）の財産、権利及び利益並びに両締約国及びその国民の間の請求権に関する問題が、完全かつ最終的に解決されたことを確認する」

一方、李ラインは廃止されたが、竹島問題は先送りされた。日韓どちらに帰属するかは、決着がつかなかったのである。

このような日韓基本条約に対して、韓国では学生を中心とした激しい反対運動が起きた。「一〇〇億ドルもらっても少ない」という声も出る中で「五億ドルは少ない」とする批判もあった。しかし五億ドルは当時の韓国国家予算に匹敵していた。一人あたり国民所得はわずか年間八十二ドルだった。大半は金額の点ではなく、「謝罪や償いのことばがない屈辱外交だ。新たな日本による経済侵略を招く」などが反対の理由だった。これに対して朴正熙政権は非常戒厳令を出して集会デモを禁止し、大学の夏休みを早めさせるなど力で反対世論を抑えつけた。野党も強く反対し与党が単独で批准した。日本でも野党が反対した。

日韓基本条約は「あいまいな手打ち」

日本からの合計八億ドルの資金は韓国経済にとって、まさに巨額のものであり、京釜高速道路や浦項（ポハン）製鉄所が建設され、これらをテコにして韓国は「漢江の奇跡」と呼ばれる年率一〇％を超える高度経済成長に入っていく。漢江の奇跡の呼び名は、第二次大戦で壊滅状態になった西ドイツの急速な復興が「ライン河の奇跡」と呼ばれたのにちなんで、つけられたものだった。経済成長にともなって、韓進、現代、大宇といった財閥も形成されていった。

個人補償はなされないままだったが、条約締結から六年後の七一年四月、対日民間請求権管理委員会が設置され、申告した人を対象に七五年七月から一年間の間にようやく補償金が支払われた。協定締結から十年もたち、一部の人たちだけに、それもごく小額だった。死者で一人三十万ウォン、財産請求権一円あたり三十ウォンずつで、死者九、五四六人、財産補償九万三〇〇〇件あまり、合計九十二億ウォンが支払われた。これは無償供与三億ドルのわずか五・四%に過ぎなかった。

日韓条約は結局、あいまいな手打ちに終わった。日本には、隣国を併合しそこに住む住民を迫害し連行し心身を傷つけ殺し財産を事実上奪い取ったことに対する罪の意識が薄弱だった。反省したうえでの韓国からの撤退ではなく、ほかの地域での戦争に敗れたための半島からの撤退だったことが、とくにそうさせた。

韓国側も日本に対して謝罪を追及するよりもカネを求めていた。六一年五月のクーデターで政権を掌握した朴正熙少将は、六月一日のパーティの席で「日本は過去を謝罪し誠意を持って会談に臨むべきだ、などということは、いまの時代に通用しない。昔のことは水に流して国交正常化をするのが賢明だ」と述べている。日本の反省や謝罪があれば、それに越したことはなかったろうが、日本側に反省謝罪がない以上、それを強いて求めず、名目はどうでもいい、ただ「つかみ金」を求めた。しかも「これで請求権の問題は完全かつ最終的に終わったことを確認する」という一札を日本側にとられている。老練な日本外交にしてやられたのである。

侵略に対する謝罪とそれにもとづく補償なしの、こうした日韓条約がその後の日韓関係の原点となった。不十分な口先だけの反省が、その後の日本の政治家や官僚の姿勢となった。こうした姿勢が一九八二年の侵略を反省しない歴史教科書となり、八四年九月に全斗煥大統領が日本を公式訪問して、昭和天皇と会見した際の天皇のあいまいなお詫びのことばとなった。昭和天皇は「戦前の不幸な関係は遺憾であった」とだけ言っている。

金泳三政権のときの九五年十月になって、韓国の国会では日韓条約見直しを求める決議案が提出された。韓国では、いったん決まったことを、もう一度蒸し返すことがよくある。六五年の条約締結当時も、多くの国民が反対し、いわば不正義の条約であった。クーデターで政権をとった軍事政権の出現に、渡りに舟とばかり条約を結んだ責任が日本にはある。

この条約に書かれてあるとおり個人補償は韓国政府の責任となったが、こうした経緯を考えるとき、このとき日本は応分の負担をすべきであった。とくに従軍慰安婦への謝罪と補償、原爆被爆者の治療と生活援護、未払い賃金に対する何らかの措置が、人道的立場から必要であった。九〇年に盧泰愚大統領が日本を訪れて海部首相と会談した際、戦時中の強制連行者の資料を要求した。このため労働省が調べたところ、戦後まもなく当時の厚生省がまとめた六万七〇〇〇人分の名簿が発見された。そこには未払い賃金なども記入されていた。資料はあったのだ。

日本が発行した有価証券の問題もある。私は戦前、朝鮮にあった日本の銀行が発行した債券の分厚い束を持ち歩いている韓国婦人に偶然出会ったことがある。見れば当時の金額で三〇〇円くらいあった。それを大事そうにハンドバッグに入れて持ち歩いていたのだ。おそらく七四年に韓国政府が申告を受け付けたときに、そうしたことを知らなかったのだろう。その婦人はもう何も報われることはないのだろうか。

韓国では、本来、個人に支払われるべきカネが、財閥の育成に使われたとして、企業を相手どってそのカネを返せという運動も始められた。「戦後補償問題推進協議会」という団体が二〇〇〇年に設立され、日本からの資金で大きくなったポスコ（旧浦項総合製鉄）などに働きかけをしている。

もうひとつ日本からの大きな援助として、条約締結翌年の六六年から始まった韓国に対するODA＝政府開発援助がある。経済が発展したとして打ち切られた九八年までの三十二年間に、条約にともなう五億ドル以外に、無償資金協力（贈与）二億三三〇〇万ドル、技術協力九億一三〇〇万ドル、政府貸与三十六億ドルが行われた。これらは鉄道改良、ソウル北方の昭陽江（ソヤンガン）ダム、浦項製鉄の拡張、ソウル地下鉄、上水道、高速道路、下水処理場、大学病院の拡充など一三九件もの事業に使われた。これらは全くと言っていいほど、韓国国民には知らされておらず、韓国が全部、自力で建設したように思われている。

最大の被害与えた中国には賠償せず

では、日本政府による関係国へのいわゆる「戦後処理」はどうだったか。外務省の資料によると、次のとおりである。

▽サンフランシスコ平和条約にもとづくもの＝フィリピンに五億五〇〇〇万ドル、ベトナムに三九〇〇万ドルの賠償。条約当事国に対して、終戦時、日本が持っていた在外資産二三七億ドルの放棄。捕虜に対する償いとして赤十字国際委員会に四五〇万英ポンドを支払う。そのほかの条約当事国は相互に請求権を放棄。

▽戦後、日本から分離した地域の

　韓国へ五億ドルの経済協力

　北朝鮮へは今後協議

　台湾へは処理できず

▽個別の平和条約にもとづくもの＝ビルマ（現ミャンマー）に二億ドル、インドネシアに二億二三〇八万ドルの賠償。インドは請求権を放棄。

▽ソ連とは一九五六年の日ソ共同宣言によって、双方が請求権を放棄。
▽中国の請求権は、一九七二年の日中共同声明によって存在しないことになった。

日本は中国に対して韓国にしたことを上回るひどいことをしている。一九三七年、盧溝橋に端を発した戦闘は中国各地に広がり、国土のほとんどが戦場になった。日本軍は、戦争後半になると、燼滅《じんめつ》作戦と呼ぶ徹底的な破壊作戦をとった。中国側はこの作戦を「三光作戦」と呼んだ。三光とは中国語で「殺し尽くす、奪い尽くす、焼き尽くす」の意味だった。一九四五年に終わるまでの日中戦争による中国人の死傷者について、中国は三五〇〇万人としている。この数字は江沢民時代の一九九五年に中国軍事科学院がまとめたもので、このうち民間人の死者が二〇〇〇万人だという。

二〇一四年三月、中国の習近平主席は、ドイツ・ベルリンで講演し、この数字を挙げて日本を批判した。「日本の侵略戦争で中国人三五〇〇万人が死傷した。この悲惨な歴史は中国人の心に深く記憶として残っている。」「約七十年前、日本軍は中国南京を侵略し三十万人以上を殺すという残虐な犯罪を行った」と。

二〇一二年、名古屋の河村たかし市長は「南京大虐殺はなかった」と発言した。しかしなかった証拠はどこにあるのだろうか。南京攻略で殺された人の数は、もっと少なくて数千人だったと主張する人もいる。しかし虐殺はまったくなかったとする根拠はない。

いずれにしても、中国は日本に対して賠償を請求していない。もし日本がまともに払っていたら、日本は破産に追い込まれただろう。

以上のように日本は中国には賠償金を支払っていない。しかし七八年八月の日中平和友好条約締結後、日本は中国に対してODA＝政府開発援助として、無償資金協力一四一六億円、技術協力一四四六億円、有償資金協力三兆四七二億円という、ぼう大な額の援助を続けてきた。ちなみにこの日中平和友好条約にも、過去の戦争やそれに対する日本の反省のことばは見当たらない。中国への新規のODA供与は、中国が経済成長したことによって、二〇〇七年で打ち切りになっている。

この中国、いまや日本に代わってアジアの盟主になろうとしている。中国が主になってアジア各国のインフラ整備を支援する「アジアインフラ投資銀行」を設立することになった。すでにあるアジア開発銀行は日本主導なので、これに対抗しようとしている。いまや中国の時代であり、日本はヨーロッパでのイギリスのような落日国家になろうとしている。

歴史的意義持つ「村山談話」

もうひとつの謝罪が戦後五十年にあたる一九九五年八月十五日の「村山談話」だ。村山富市首相は「戦後五十周年の終戦記念日にあたって」という談話を発表した。これは閣議決定されている。その後半は次のような内容だ。

わが国は、遠くない過去の一時期、国策を誤り、戦争への道を歩んで国民を存亡の危機に陥れ、植民地支配と侵略によって、多くの国々、とりわけアジア諸国の人々に対して多大の損害と苦痛を与えました。私は、未来に誤ち無からしめんとするが故に、疑うべくもないこの歴史の事実を謙虚に受け止め、ここにあらためて痛切な反省の意を表し、心からのお詫びの気持ちを表明いたします。また、この歴史がもたらした内外すべての犠牲者に深い哀悼の念を捧げます。

敗戦の日から五十周年を迎えた今日、わが国は、深い反省に立ち、独善的なナショナリズムを排し、責任ある国際社会の一員として国際協調を促進し、それを通じて、平和の理念と民主主義とを押し広めていかなければなりません。同時に、わが国は、唯一の被爆国としての体験を踏まえて、核兵器の究極の廃絶を目指し、核不拡散体制の強化など、国際的な軍縮を積極的に推進していくことが肝要であります。これこそ、過去に対するつぐないとなり、犠牲となられた方々の御霊《みたま》（死者の霊魂を尊んでいう語）を鎮《しず》めるゆえんとなると、私は信じております。

この談話は初めて日本の首相が「侵略」や「植民地支配」ということばを使って内外に詫びた画期的、歴史的な意義を持つ。さすが社会党出身の首相であり、それまでの自民党政権が「遺憾」などの

戦後の歴代首相

東久迩稔彦	1945年8月～10月	宇野宗佑	89年6月～8月
幣原喜重郎	45年10月～46年5月	海部俊樹	89年8月～91年11月
吉田茂	46年5月～47年5月	宮沢喜一	91年11月～93年8月
片山哲	47年5月～48年3月	細川護熙	93年8月～94年4月
芦田均	48年3月～48年10月	羽田孜	94年4月～6月
吉田茂	48年10月～54年12月	村山富市	94年6月～96年1月
鳩山一郎	54年12月～56年12月	橋本龍太郎	96年1月～98年7月
石橋湛山	56年12月～57年2月	小渕恵三	98年7月～2000年4月
岸信介	57年2月～60年7月	森喜朗	2000年4月～01年4月
池田勇人	60年7月～64年11月	小泉純一郎	01年4月～06年9月
佐藤栄作	64年11月～72年7月	安倍晋三	06年9月～07年9月
田中角栄	72年7月～74年12月	福田康夫	07年9月～08年9月
三木武夫	74年12月～76年12月	麻生太郎	08年9月～09年9月
福田赳夫	76年12月～78年12月	鳩山由紀夫	09年9月～10年6月
大平正芳	78年12月～80年6月	菅直人	10年6月～11年9月
鈴木善幸	80年7月～82年11月	野田佳彦	11年9月～12年12月
中曽根康弘	82年11月～87年11月	安倍晋三	12年12月～
竹下登	87年11月～89年6月		

ことばしか使っていなかったのに比べて一歩踏み出した反省の念である。この談話がそのあとの政権も基本的には追認せざるを得ない日本の外交理念となった。

しかし連立内閣ならではの限界も見せた。談話発表直後の記者会見で村山首相は「慰安婦への補償は国としてはできない。すでに二国間の条約で解決済みだからだ」と述べている。このあと「アジア女性基金」が設立される。

戦後六十年目の「小泉談話」も村山談話を基本的に受け継いだものとなった。「過去を直視して、歴史を正しく認識し、アジア諸国との相互理解と信頼に基づいた未来志向の協力関係を構築していきたいと考えています」とある。まともだが、村山談話よりトーンダウンした印象だ。

二〇一五年の戦後七十周年の談話は安倍晋三首相が出すことになりそうだが、その内容が心配される。

コラム　民間防衛訓練

韓国では北朝鮮と軍事的に向き合っていることを国民が忘れないようにと、年三回、通称「ミンバン」と呼ばれる「民間防衛訓練」が行われる。予告された日の午後二時から二十分間、全国一斉に行われるのが通例だ。

サイレンが鳴り響くとともに、警察官が鋭く笛を吹いて道行く車を道路端に寄せて停止させる。電車も最寄駅で停車。街を歩いている人やデパートにいた人も地下街などに避難しなければならない。街はたちまち動きが停まり静まり返る。サイレンの音とともにどこかで消火訓練などが行われる。

突然、ジェット戦闘機が轟音をたてて放送局や国会の上をかすめるように低空飛行をする。ラジオがどこかの訓練会場から実況中継している。そのうちに予定の二十分間がたち、もう一度サイレンが鳴って街は息を吹き返し、何事もなかったように動き始める。かなり緊張感がある。

二〇一四年三月十四日、金曜日の民間防衛訓練は、北朝鮮が休戦ラインの向こうからソウルに向けて長距離放射砲を発射し、韓国側の主な施設が破壊されたという想定で行われた。

ソウル近辺では高い場所に高射砲陣地が築かれ、北からの道路にはいざというときに爆破して道をふさぎ敵の戦車の進入を食い止めるゲートや、北と接する川や海岸には鉄条網が張られている。韓国は北朝鮮と対峙しているのだ。

第五章　韓国は、こんな国

「反日」の仕組み

これまでみてきたように、日本は過去、韓国に過酷な被害を与えてきたのに、謝罪と反省が足らない。日本は中世から朝鮮人を蔑視してきた。そのうえ現在は「嫌韓」。だから韓国が「反日」で、日本に対して特別な感情を持つことは当然の反射現象ともいえる。この「反日」は簡単なものではない。歴史的、空間的広がりがある。ではその「反日」の仕組み、構造をみてみよう。気分を悪くしないで冷静に読んでもらいたい。

韓国では、「日本は韓国に対してこんなに悪いことをした」、義務教育である初等学校（小学校）、中学校、そして高校、大学で教えられる。

たとえば、韓国の初等学校六年生が使っている「初等学校国定社会・社会科探究」（韓国の小学校歴史教科書、明石書店）を見ると、日本が明治維新後、韓国を併合し第二次大戦敗戦に至る韓国受難の記述は多くなく、いかに韓国人が日本に対して勇敢に闘ったかが書かれている。

その中には、一九〇九年、初代朝鮮統監の伊藤博文を満州ハルビン駅で狙撃暗殺した安重根、一九三二年、東京桜田門で昭和天皇の暗殺をはかった李奉昌、同じ一九三二年、上海の天長節で爆弾を投げ上海派遣軍司令官ら二人を殺害、重光葵公使（のちの外務大臣）の右足を失わせた尹奉吉らが、生命を投げ打って日本に抵抗した「義士」として写真入りで記述されている。そしてアメリカが日本の広島・長崎に原爆を投下したことは書かれていない。

二〇一三年八月、韓国の歴史教科書の世界でできごとがあった。従来の教科書は反日一辺倒で「左寄り」だとする、ニューライトと呼ばれる学者たちが執筆し、検定にも通った教学社の高校用歴史教科書が、「植民地近代化論」に立っているとして全国教職員労働組合がかみついた。日本大使館前でデモを行い、出版社社長を脅迫し執筆者のソウル大教授を殴り倒し、採択しようとした高校に圧力をかけた。「韓国人は日本の支配下でも自己啓発をし韓国社会は発展した」と書いてあるだけなのに、この本は韓国ではタブーとされている「植民地近代化論」にあたるとされてしまった。

学校を終えて社会に出ても、マスメディアで日々、反日は刷り込まれる。韓国のマスメディアの東京特派員は、韓国で受けそうな記事をソウルに送り、これをデスクは歓迎し論説などに発展させていく。活字になれば真実だと受け止める人たちが韓国にはまだ多い。ソウル・オリンピック前の一九八七年、中部の天安に建てられた「独立記念館」、その後に開設されたソウルの西大門刑務所のような、日本の圧政を等身大の像などで立体的に展示する施設も各地にある。

さらには反日小説やテレビドラマ、映画などもある。反日小説は数が多い。なかでも一九九三年に発表されるや大ヒットとなり映画化もされた金辰明「ムクゲの花ガサキマシタ」は、韓国と北朝鮮が手を結んで密かに核兵器を完成させる。日本は竹島（独島）の領有権を口実に韓国を爆撃、焦土化させるが、韓国は核ミサイルを発射して日本を打ち負かすというストーリー。

二〇〇一年の映画「サウラビ」は、日本刀を作った百済人が日本を植民地にする話。

二〇一四年七月に封切られた韓国映画「鳴梁」（ミョンリャン）は、夏休みも手伝って韓国映画最高のヒット作となり観客数は一五〇〇万人を超えた。国民的英雄の李舜臣将軍が、珍島そばの流れの速い鳴梁海峡で秀吉の水軍を打ち負かした史実を描いたものだ。わずか十二、三隻で三三〇隻もの秀吉水軍を相手に勝利を収めた様子が国民に受けた。しかし実際には、李舜臣水軍はこの戦いには勝ったものの圧倒的な秀吉水軍を避けて撤退し、根拠地や南西海岸を日本側に明け渡したのだが。

反日小説のだいたいは、韓国人を優れた民族として描く一方で、日本人男性は野蛮、残忍、卑劣、女性は男性に従順で性が乱れている。日本の文化はすべて韓国のコピーだ。日本は韓国と北朝鮮の南北統一を望んでいない。日本は必ず韓国を侵略するといった内容。そして好きな設定として、独島（竹島）海戦で韓国海軍が日本海軍を全滅させる、日本に原爆を打ちこむ、日本を植民地にする、日本列島が地震で沈没するなどだ。

コラム　韓国人は知らない「白村江の戦い」

古代の大和朝廷時代の西暦六六三年、朝鮮半島中西部の錦江河口で、日本から百済の応援に行った水軍が唐と新羅の連合軍に大敗した「白村江（ハクスキノエまたはハクソンコウ）の戦い」は、日本人ならば誰でも学ぶ年代暗記の歴史的事実である。ところが韓国の高校歴史教科書にはこの記述が見当たらない。

百済はこの戦いの前の六六〇年、唐・新羅連合軍によって滅ぼされ七〇〇年の歴史を閉じるが、忠臣の鬼室福信らは扶余から南の錦江河口近くに逃れて、倭に対して人質になっていた百済の王子、余豊璋の送還と援軍の派遣を求める。新羅が強大になることを望まない大和朝廷の中大兄皇子は、余豊璋を送り返すとともに二万七〇〇〇の兵を三つの大船団に乗せて錦江河口＝白村江に送り込む。ところが帰国した余豊璋はかけがえのない忠臣福信を処刑してしまう。潮の満ち引きが激しいことを知らない倭の船団は身動きがとれなくなったところに白村江の両岸に隠れていた唐・新羅連合軍に挟み撃ちにされ全滅する。

これが韓国の教科書には出ていない。それよりも図入りで強調されて説明されているのが同じ場所の韓国名、伎伐浦（キボルポ）で六七六年、新羅軍が二十万の唐の水軍を打ち負かして、唐の勢力を朝鮮半島から駆逐した「伎伐浦の戦い」だ。倭が大敗した白村江の戦いの後、唐・新羅連合軍は北上して高句麗を攻撃しこれも滅亡させる。その後、新羅軍は半島に居座る唐軍をここで撃滅する歴史的勝利を収めたのだ。このように歴史は国ごとに違って当たり前ともいえる。

このような反日小説は、実は朝鮮王朝時代からあった。秀吉の侵略後に書かれた「壬辰録」という小説だ。中世の小説だが、朝鮮は日本の侵略を撃退したあと、逆に日本に侵攻して日本を降伏させる。前述の「ムクゲの花ガサキマシタ」はその現代版だともいわれる。

また小説ではないが、一九九三年の田麗玉の評論「日本はない」は、日本と日本人を徹底的に罵倒して大喝采を浴びた。

このようにみてくると、韓国人が日本に対して抱いているイメージは、多分にパターン化されたものだと気づく。「日本の文化はみな韓国が教えてやったものだ」「対馬は韓国のものだ」「日本人は残虐だ」「日本は必ずもう一度韓国に攻めてくる」「福島の原発事故で日本は放射能汚染されている」などなど。マスメディアを盲目的に信じる一方で、根拠のない独り歩きデタラメ裏情報も信じ、「反日」意識は組み立てられていく。

「親日」のレッテル貼られると

親日派、韓国語で「チニルパ」のレッテルを貼られると、韓国では生活できなくなる。

二〇〇五年四月、歌曲も歌う人気歌手で芸能界重鎮の趙英男（チョ・ヨンナム、当時六十）が、自身が書いた本でやり玉に挙げられた。「殴り殺される覚悟で書いた親日宣言」という本である。この本は騒動の前の一月に出版され、その後、日本語に翻訳されて日本でも出版されたが、ほとんど知られていなかった。ところが四月二十四日の産経新聞で「靖国神社にも行ったが、普通の神社と変わらなかった。竹島や教科書問題などで冷静に対処する日本の方が一枚上手だ」と語ったことが伝えられた。これが韓国のマスコミで批判的に伝えられると、ネットに非難の声があふれた。十年以上続けていたKBSなどの歌番組を降ろされた。また全国ツアーも駄目になってしまった。

彼は当時、韓国の有力紙、中央日報に「趙英男の日本文化ルポ」を連載していて、「殴り殺される……」はその集大成的なもので、韓国の立場を捨てての日本礼賛ではなかった。伝えられた靖国神社の件も、彼が「行った」と言っていたのだが、産経の女性記者が「参拝した」と表現したため、韓国では「参拝した」と伝えられた。時期が悪かった。しかし彼は人気が高かったため九か月後にはKBSの歌番組に復帰している。

韓国の国歌、「愛国歌」を知っている日本人も多いだろう。美しく力強い曲だ。この曲をつくった作曲家、安益泰（アン・イクデ、一九〇六〜一九六五）も、親日騒ぎに巻き込まれている。一八九七年、大韓帝国が発足したときの国歌はスコットランド民謡の「蛍の光」のメロディだった。日本の支配から解放され大韓民国が独立した後に、ヨーロッパで活躍していた安益泰が朝鮮幻想曲の終曲として作曲したメロディを使い、これに上海にあった臨時政府が国歌としていた歌詞を載せて今の近代的な国歌となった。

ところが二〇〇六年になって、安益泰が一九四二年、ベルリンで行われた満州国建国十周年祝賀演奏会で、自作の祝賀曲を指揮するフィルムがドイツで見つかり騒ぎとなった。満州国は一九三二年、日本が中国北東部に無理やり建てた国。そしてこの曲の一部メロディが朝鮮幻想曲に用いられ、さらに愛国歌になったと推定されるという。安益泰は恩師リヒャルト・シュトラウス作曲の「日本建国祝典曲」を指揮したことでも知られている。彼は一九六五年にスペインで亡くなっていたが、死後四十年たって名誉が傷つけられた。

財産も没収

親日派は財産までも没収される。盧武鉉政権のときの二〇〇四年、「日帝強占下反民族行為真相糾明特別法」が制定され、大統領直属の真相究明委員会と親日反民族行為者財産調査委員会が設けられた。時限立法の期限四年間の調査の結果、七十七人の子孫が所有していた土地五五三万平方メートルが国に没収された。韓国の憲法第十三条には法の不遡及がうたわれていて、この法律は憲法違反の疑いが強かったが、憲法裁判所に対する審査請求は出されなかった。

また同じころ「親日人名事典」も編纂《へんさん》された。これは民間団体によるもので、日本による統治時代に親日活動を行った者をリストアップした。二〇〇九年十一月、辞典全三巻が発行され、これには四三八九人の名前が載せられた。朴正煕大統領が入らないようにと旧日本軍の韓国人将校は中佐以上とすることになった。朴正煕は日本の敗戦時、中尉だったが、それでも朴正煕の名前は辞典に入れられた。国歌の作曲者の安益泰、国旗のデザインを描いた朴泳孝も入っていた。

こうした傾向が続いているため、韓国では日本語を学ぶ若者が減ってきている。代わりに中国語を学ぶ人が増えている。日本の国際交流基金の調査によると、韓国での日本語学習者は、二〇〇三年に八十九万人、二〇〇六年に九十一万人だったが、二〇一三年には八十四万人に下がった。以前は世界で一番多かったが、いまは三位。ソウル大は入試科目の第二外国語から日本語をはずしたが、修学能力試験（日本の大学入試センター試験に相当）の第二外国語では、日本語を選択する高校生が相変わらず一位だと聞くと、救われた思いだが……。

もし韓国の街頭で通る人にマイクを向けて「日本についてどう思うか」聞くと、ほぼ一〇〇％、「日本は嫌いだ」という答えが跳ね返る。それが正解なのだ。小さい時からこれでもか、これでもかというほど、日本がどんな悪いことをしてきたかを教えられ、社会人になってもマスメディアで悪い日本の姿が伝えられる。そこには知りあいである個々の日本人の姿はない。「日本という概念＝悪」という一般的、模範解答的な考え方が、韓国人の頭脳に形成されているのだ。これを簡単にはぬぐいさることはできない。

コラム　朴槿恵大統領の指導力に期待

二〇一四年三月、韓国政府は朴槿恵大統領、安倍晋三首相になってから一回も開かれていない「日韓首脳会談」を開く条件として次の三つを示した。

①河野談話・村山談話の継承、②安倍首相による靖国参拝中止宣言、③慰安婦問題での高官級協議

このうち①は、安倍首相が早速国会で「河野談話を見直すことはしない」と答弁して、三月末、オランダ・ハーグでの日米韓三か国首脳会談の実現にこぎつけた。また③の外務省局長級協議も四月にスタートした。

問題は②の靖国参拝中止宣言だ。安倍首相は第一次安倍政権で靖国神社を参拝しなかったのは「痛恨の極み」と語っていて、二〇一三年暮れ、韓国・中国との関係悪化を予想しながら、突如、靖国を参拝し、そのとおり韓国中国の大反発を招いた。それだけに中止宣言はむずかしいところだ。

こうした状況に加えて、朴槿恵大統領は原則にこだわり慎重な行動をとってきたことによって、大統領の座に上り詰めた政治家。意見を求める側近もほとんどいないと言われる。さらに韓国は、たてまえは「反日」大合唱の社会的構造になっているため、大統領といえども「親日的言動」はとりにくい。

日韓首脳会談が開かれないと、両国間に横たわる懸案の解決が前進しない。日本側には首脳会談をなんとか開きたいという熱意があるが、韓国側にはそれほどの意気込みが感じられない。

朴槿恵大統領がかたくなな姿勢を改めて局面打開に動くには、安倍首相の靖国参拝断念宣言が必要。ボールは日本側に投げられている感じだが、双方が包容力を示せば、歩み寄ることができるかもしれない。安倍首相はすでに一回、参拝しているのだから、いっそのこと、「もうしない宣言」をしたらどうか。そのうえで朴槿恵大統領が超越的な指導力を発揮することを期待したい。

大統領が親日行動とれない構造

韓国は「ハンマウム」の国だといわれる。二〇〇六年六月のサッカー・ドイツW杯、日本も韓国もともに本大会に出場したが、ソウル市庁前広場は韓国の試合があるたびに二〇〇二年日韓共催大会を上回る真っ赤なTシャツで埋まった。決勝トーナメント出場がかかっていた対スイス戦は、早朝四時からだったのに、光化門広場にかけて五十七万人もの大群衆が押し寄せ、「テーハミンクク」のどよめきがビル街を震わせた。まさにひとつの心、韓国語でいう「ハンマウム」だった。私は思った。韓国を理解するキーワードがこの「ハンマウム」なのだ。

このハンマウムは韓国の強さであるが、同時に危うさでもある。指導者は日本に対して強く出ると拍手喝采を浴びるが、日本にやさしい姿勢をとると支持率が下がるおそれがある。大統領も慎重にならざるを得ない。韓国はうかつに親日発言ができない社会になっている。

たびたび繰り返してきたが、こうした状況を招いたのも日本に責任がある。

本来は一九六五年の日韓基本条約締結のときが、日本にとって心からの謝罪の気持ちを表す絶好の機会だった。韓国側もそれを求めていた。ただ軍事政権の関係者はまだ幼くカネが欲しい一心だった。日本は謝罪の文言を条約に盛り込まなかった。このため韓国にとっては、日本の謝罪はまだなされていないという思いがある。だから日本の政権が変わるたびに謝罪のことばを求める。日本側は口先だけの反省を述べる。この繰り返しだった。

日韓関係で一番よかったのは、小渕＝金大中時代だったといわれる。金大中大統領は「もう過去のことは追及しない」と述べた。しかし両氏は韓国民が心の中で求めていた論理的な清算は棚上げにしての友好関係促進だった。そうした中で二〇〇三年に登場した盧武鉉大統領は、初めて日本に対して歴史認識を問える指導者が韓国に出現したことを意味した。

韓国の大統領選は、日本の首相が国会で選ばれるのとは違って全有権者による投票だから、イメージ選挙となる。何回も当選を重ねた国会議員の古強者が国会内だけの間接選挙で首相に選ばれる日本とは違って、こうした国をあげての人気投票では、経験よりは清新さや革新性が票を集める。こうして思いがけなく当選した盧武鉉大統領には純粋さがあった。また任期が五年に限られ再選が憲法で禁じられていることのあせりからか、外交はカーブではなく直球だった。

だから日本にとっては投げ込まれた直球をきちんと受け止め、投げ返すものがあれば投げ返す絶好の機会だった。盧武鉉大統領は二〇〇六年の三一節の演説で次のように演説した。

「日本はすでに謝罪しました。われわれはさらなる謝罪を求めたりはしません。謝罪の実践を求めるのです。謝罪を覆す行動に反対するのです」

つまり、次の日本の指導者の形だけの土下座はもういい、それをしてもまた自らそれを否定してし

韓国の歴代大統領

李承晩《イ・スンマン》	1948－1960 初代―第３代	米国に40年間亡命、建国の父、李承晩ライン、朝鮮戦争（50－53年）、独裁、４選後にハワイに亡命
尹潽善《ユン・ボソン》	1960－1962 第４代	初代ソウル市長、中継ぎ
朴正熙《パク・チョンヒ》	1963－1979 第5代―第9代	旧日本陸軍中尉、クーデターで登場、日韓基本条約締結、漢江の奇跡＝高度経済成長、ベトナム戦争に派兵、独裁、夫人は在日韓国人に射殺され、後に本人も部下に暗殺される
崔圭夏《チェ・ギュハ》	1979－1980 第10代	首相から大統領代行、大統領、中継ぎ
全斗煥《チョン・ドゥファン》	1980－1988 第11代、第12代	陸軍少将、クーデターで政権掌握、光州事件、マスコミ弾圧、大統領として日本を初訪問、ソウル・オリンピック誘致、親分肌、仏教
盧泰愚《ノ・テウ》	1988－1993 第13代	全斗煥と陸士同期、民主化宣言、オリンピック成功、ソ中と国交樹立、国連加盟、地方自治復活、全斗煥一族の不正追及
金泳三《キム・ヨムサン》	1993－1998 第14代	野党政治家だったが、与党掌握、軍事政権後初の文民政権、大災害相次ぐ。光州事件で全斗煥・盧泰愚を法廷に。大型倒産放置し外貨危機招く。金大中のライバル
金大中《キム・デジュン》	1998－2003 第15代	波乱万丈の野党政治家、経済立て直し、対北朝鮮太陽政策、初の南北首脳会談、ノーベル平和賞、日本の大衆文化の韓国への開放、カトリック
盧武鉉《ノ・ムヒョン》	2003－2008 第16代	弁護士から野党政治家、歴史の見直し、弾劾訴追で一時職務停止、親北政策、日本に反省求める。退任後自殺
李明博《イミョンバク》	2008－2013 第17代	大阪生まれの元在日、苦学して大学卒、現代建設に入り、社長になる。国会議員、ソウル市長時代に清渓川をよみがえらせる。
朴槿恵《パククネ》	2013～（2018） 第18代	朴正熙元大統領の長女、西江大学電子工学科を首席で卒業、フランス留学、国会議員、ハンナラ党代表をへて初の女性大統領に

まうからだ。それよりも韓国や中国の人たちの心情を思う言動の積み重ねが求められている。何もむずかしいことではない。

「昼は反日、夜は親日」

こうみてくると韓国の反日を失くすことは不可能だと絶望的になってしまうが、実はそうではない。これまで述べてきたのは、国と国の間の主張、あるいは社会にみなぎる空気だが、これらはあくまでタテマエであり本音・本心は親日だといったら、韓国の人たちに叱られるだろうか。韓国滞在がもう三十年にもなる産経新聞の黒田勝弘氏は「昼は反日、夜は親日」と言っているが、まさにそのとおりだと思う。建前と本音を両方持っていて使い分けるたくましさ、度量の広さが韓国人にはあると思う。この傾向は知識層より一般の人たちに強くみられる。

韓国の人たちと付き合ってみると、その肝っ玉の大きさ、明るさに驚かされる。国民性というのはやはりあると思う。

韓国人は一般的に、大きな声、開放的で裏表がなく、大胆で、人情が厚く、積極的、決断力に富み、勤勉、お酒が強く、歌が上手で、踊りもうまい。これに対してわが日本人は、清潔、親切、几帳面で協調性に富んでいるが、本音と建前が別で、慎重で、声が小さくひそひそ話が多く、酒が弱い。と、まさに対照的だ。このことはまさに両者が互いに補える性格を持っているともいえる。

ソウルの街も高層ビルや高層アパート、広い道路に驚かされるが、地方の農村に行くと、その美しい景色に見とれてしまう。夕暮れ時の里山の風景、煙たなびく農家のたたずまい、何か昔の日本に出会ったように感じる。日本がすでに失った大事なものがそこに残されているように感じるから不思議だ。韓国のドブロクであるマッコリは日本人の口によく合う。南海岸に行けば「ホンオフェ」がうまい。エイを壺などに入れて十日間ほど発酵させたもので、強烈なアンモニア臭がするが、なんともいえないうまさがある。これにはマッコリでもソジュ（韓国の焼酎）でも合う。日本と韓国はやはり遠い先祖の時代に親戚だったのかと思ってしまう。

コラム　大統領による特赦

韓国では罪を犯して刑務所に入っても、刑期途中で赦免（しゃめん）されることが多い。赦免法という法律にもとづくもので、だいたい懲役五年以下が対象、刑の執行が免除される。誰を赦免するかは大統領の権限で、「特別赦免」と呼ばれる。国民融和のためとして、八月十五日の光復節、クリスマス、旧正月の前に行われることが多い。

最近では盧武鉉大統領が五年間に八回、李明博大統領が七回、特別赦免を行った。二〇一三年二月に就任した朴槿恵大統領は一年たった旧正月前の二〇一四年一月二十九日、初めての赦免を行い、生活苦による犯罪者五九二五人を一挙に赦免した。同時に模範囚八七一人を仮釈放、交通違反による運転免許の停止など二九〇万人の処分減免も行った。「反日」と相まって大統領の人気が上がったとされる。

盧武鉉大統領は民主化運動の活動家や側近ら多数を赦免、財界出身の李明博大統領は政官界への贈賄工作で服役した財界の大物を赦免した。現代起亜自動車会長、SK会長、そしてサムスンの李健熙会長らだ。二〇〇九年十二月に赦免した李健熙会長はIOC委員をしていたので、平昌冬季オリンピック誘致のためという理由がつけられた。

李明博大統領は異例の任期終了直前の二〇一三年一月三十一日、前放送通信委員長ら側近、経済人ら五十五人を駆け込み赦免した。赦免されるのではと噂されていた実兄の元国会議員は控訴中だったので、対象からはずされた。

古くは光州事件の責任を問われた全斗煥・盧泰愚の元大統領にも適用された。両氏は金泳三大統領によって九五年十一月に逮捕され、九七年四月に最高裁で全斗煥に無期懲役、盧泰愚に懲役十七年が確定したが、その年の暮れ、金泳三大統領によって特赦された。

こうした赦免は、法治主義を破壊するとして批判があり、検察にもせっかく有罪にしたのにとの不満がある。しかし刑務所の経費節減の面もある。

コラム　混在する鉄道の通行方式

ソウルに行って鉄道に乗ると混乱することがある。旧国鉄のコレイル（韓国鉄道公社）線は、日本と同じ左側通行。だが地下鉄が左側通行と右側通行の二種類あって間違えてしまうことがある。ソウル地下鉄一号線は左側通行、そのほかの二号線から九号線までは右側通行なのだ。

これはソウルの都心部を東西に走る地下鉄一号線が、日本の資金と技術の援助で、韓国で一番早く一九七四年に開通したことと関連がある。そもそも韓国の鉄道は日本統治時代に日本と同じ左側通行で開通し、戦後、大韓民国になってアメリカ流の右側通行に変えようとしたが、信号その他変えなければならない箇所があまりにも多いことがわかり、あきらめた経緯がある。ソウル地下鉄一号線は、東西で当時の国鉄線と相互乗り入れする路線なので、これもそのまま左側通行となった。

しかし一号線開通から十年後に開通した二号線以降は右側通行となった。ソウル地下鉄一号線から七年後に開通した釜山地下鉄一号線も、もちろん右側通行。こうして韓国では旧国鉄が左、地下鉄はソウル地下鉄一号線を除いて全国の大都市で右となった。

面白いのはソウルの北東部と南西部を結ぶ地下鉄四号線、北から南部の南泰嶺駅までは右側通行なのに、南泰嶺を過ぎると急に左側通行となって、左側のドアが開くようになる。これは四号線からコレイル果川安山線に直通運転するため、南泰嶺とコレイル最初の駅、ソンバウィ間のトンネルの中で線路が左右入れ替わる仕組みになっているからだ。

また道路での車の通行は、韓国になってから世界で多数派の右側通行となった。これが日本とは違うので、はねられないよう用心が必要だ。

第六章　日本がとるべき道とその理由

日本がとるべき道

　これまで見てきたように、日本は過去に韓国に対して残虐行為や韓国人の心を傷つける行為を繰り返してきた。それなのに本当の反省と謝罪がまだなされていないと私は考える。これまでの謝罪はうわべだけの不十分なものだった。「過去は水に流す」、これは誠に日本的な考えによるもので、韓国ではこうした思想はない。盧武鉉大統領は言った。「過去を許すことができても忘れることはできない」。まして政権同士の不十分な合意だけでは、民衆の間にくすぶっている反日の炎を消すことはできないだろう。

　そうした観点から日本はもう一度、いや真心を込めた本当の謝罪を初めて行うべきだ。それにはうやむやにされてきた個人への補償も含めるべきだ。個人への補償については、前述したような経緯があり、日本側は言いたいことがあるが、そこはいままで払わなかった分の利子だと考え大局的見地に立って支払いたい。六十五年日韓条約では、個人補償が不十分になることを見越したうえで一括つかみ金で韓国政府にまかせた。その責任が日本にはあると思う。私が見た日本の国債や軍票を大事に持ち続けている人たちにも、法律的な有効無効の議論なしに補償が行われるようにしたい。政治的決断のあと具体的な方法が論議されるべきだ。

「韓国という国には何度謝っても、また同じことが蒸し返される」「いったい何度謝ればすむんだ」という声も聞こえてくる。しかしこんどこそ最後だという思いで、韓国側が納得してくれる内容の謝罪と補償であれば、もうこれ以上の要求は出てこないのではないだろうか。これによって「反日」がなくなる保証はないが、韓国は体面を重んじる国だ。日本がきちんと対応すれば無理難題をふっかけることは決してしない。むしろ日本を感激させる行動だって出てくるだろう。

一日も早く以上述べたような状況になることを願いたい。それにはもう一度、日本に民主党政権ができるまで待つのではなく、保守の人たちがこの問題の理解をしてくれることを切望する。それがむしろ日本のためになることではないだろうか。

謝罪の前にもうひとつ韓国の考え方を理解すべきことがある。それは日本統治時代での韓国人による日本要人へのテロだ。安重根らは「義士」としてあがめられ、ソウルにはこうした義士の記念館があちこちにある。

テロはよくない。テロリストは非難されるべきだ。しかし当時の状況では韓国側はこうするほか抵抗の手段がなかった。単なる一般の犯罪者ではないことを理解してやることはできないものか。

　問題がひとつある。改めて謝罪し補償する場合は、日韓基本条約の請求権放棄の取り決めはどうなるのだろうか。双方が請求権を放棄しているのだから、韓国が放棄しないことになれば、日本側にも請求権が発生することになる。こうした国際的取り決めの重さを韓国側は理解してほしい。

韓国を守る理由

　日本は韓国への非難をやめて、むしろ積極的に韓国を守らなければならないと私は考える。それはなぜか。私はその理由として以下の三つを挙げたい。
▽共通の敵、北朝鮮に対処するため
▽経済の相互依存関係があるため
▽引っ越しができない、地理的・歴史的・人種的・文化的な隣国関係であるため
　日本は北朝鮮に対しても賠償の義務がある。朝鮮半島は戦後、二分割され、日本は南の韓国にしか賠償をしていない。したがって、いずれは北朝鮮にも賠償をすべきだという考えは当然だろう。しかし現状では、北朝鮮は日本人の拉致、日本を狙う核兵器やミサイルの開発に狂奔しており、いま賠償すれば、そのカネは軍事費に投入されることは間違いない。それでは日本が自分の首を絞めることに

なる。

北朝鮮が拉致問題を解決し、核とミサイルを廃棄し、人権抑圧を止めて民主的な政権を打ち立てれば、その段階で相応の賠償をすべきであろう。しかしその時がくるまで、日本政府は韓国・アメリカと連携して北朝鮮の軍事的脅威から自国民を守らなければならない。

そういう意味で北朝鮮は日韓共通の敵であり、日本は韓国をいろいろな面で応援しなければならない。北朝鮮は朝鮮動乱のあと、韓国政府が認定しているだけでも四八六人もの韓国人を拉致して北に連れ去っている。日本人拉致被害者の数十倍にあたる。国内では反抗する者を政治犯として収容所に収容し、ピョンヤン以外の住民を飢えさせる一方で、大規模な軍隊を持ち、国連決議に反して核とミサイル開発を進め、近隣諸国を恫喝し続けている。こうした北の政権を許すことはできない。これまでも同胞だとして韓国が援助物資を送ったが、軍の維持強化に役立つ結果となっている。もはや国力・軍事力では韓国との間に大きな差がついた北朝鮮は、核による脅しとゲリラ戦術で韓国を倒そうとしている。

こうした無法国家と向き合うには韓国だけの力では不十分であり、日本はアメリカとともに憲法の許す範囲内で韓国を支援しなければならない。

二つ目の経済の相互依存はいま急に始まったのではなく、昔から続いている。一般的に韓国では高い技術力を持つ中小企業が少なく、韓国は以前から日本製部品に依存してきた。たとえば世界市場でアメリカのアップルと首位を争っているサムスン電子のスマートフォンの部品の多くが日本製であることはよく知られている。日本製部品なしではサムスンはやっていけないのだが、同時に日本の企業、たとえばソニー、シャープ、TDK，京セラ、東芝、村田製作所といった会社は、サムスンやアップルに部品を納入することによって経営を維持している。また日本のTVのほとんどにサムスン製の液晶パネルが使われている。自動車、造船、その他の機械産業、鉄鋼などでも事情は同じだ。こうして二つの国は今やきってもきれない関係になっている。

三つ目、日本列島と朝鮮半島は地続きではないにしても、きわめて近接しており、天気予報も互いに参考になる間柄だ。いやだからと言って引っ越すわけにはいかない。歴史や文化も重なっている。人種的にもきわめて近い。けんかするよりは、仲良くするほうが互いに疲れないはずだ。日本は韓国を理解し、そのうえで助け守る道を選ぶべきだ。

日本人に望むこと

韓国に関連して私は日本人に望みたいことがある。以下、列挙してみた。

▽「韓国に対して日本は何も悪いことをしていない」は大間違い

これまでお読みいただいた方は、お分かりと思うが、このページからお読みになる方に、念のために申し上げたい。日本は中国は侵略したが、韓国は保護していただけで何も悪いことをしていない。むしろ敗戦時の日本への引き揚げのとき、つらい思いをさせられたという話を聞いている。それなのに何故、韓国はしつっこく日本を責めるのか、いったい何度謝ればいいのか、と考えている日本人がかなりいる。確かに韓国での日本叩きが時の政権への不満をそらすことにも使われていた。だが、この考えは根本的に間違っている。日本は韓国で、沢山悪いことをしたのだ。そして韓国人の心に消しがたい傷を与えたのだ。

▽日本は加害者だったという歴史的事実を知り、被害者である韓国人の気持ちを理解すべきだ。

一九六五年の日韓基本条約で補償を済ませた。過去の償いはこれで終わっている、という考えに立ってはいけない。当時の八億ドルが十分だったか、不十分だったかではない。韓国はもはや経済的に成長した国になり、国として金銭的なことを求めているのではない。あの条約には近代になってからの韓国への侵略支配についての日本の反省が全く書かれていなかった。六五年当時も、そして現在に至るまでも、日本は韓国、中国をはじめとするアジア諸国への侵略の歴史と誠実に向き合ってこなかった。立場を置き換えて考えてみてほしい。日本が韓国によって長い間、支配され残虐な扱いを受けてきたとしたら、カネだけの、口先だけの反省、行動はそれと反対のことをしている、としたら、許せるだろうか。

日本国民が韓国を侵略した過去の歴史をきちんと知り、悪かったという本当の気持ちに立つこと、韓国が求めているのはこのことだ。こうした認識に立てば、そして指導者ならば、保守であろうと革新であろうと韓国民を傷つけるような発言をするはずがないのだ。

言いかえれば、十分な反省なしに何故、韓国は日本に突っかかってくるのかと、いぶかることは、自らの不勉強さをさらけ出すものだ。

▽反省なしに未来志向ばかり求めるな

「過去にこだわらずに未来志向で話し合おう。一つや二つ意見が違うからといって、話し合いを拒むのはおかしい」よく聞く政治家の主張である。過去について読んだこともなく調べたこともなく、観念的に口先だけで「反省」を言っている人に限って、「未来志向」を口にする。だいたい日本の方から「未来志向」を持ち出すのはおかしいのではないか。そういう資格はないというのは言いすぎとしても、この点について謙虚な姿勢が日本に求められているといえよう。

▽つい台湾と比較してしまうが……

「台湾は謝罪や補償を要求しないのに、韓国は……。台湾は総督府の建物も撤去していないし……」という議論をよく聞く。台湾南部の台南では日本統治下の一九三二年に開業し日本の敗戦で閉店していた百貨店の建物を市が復元し、営業を再開した。しかも建物の名前は当時と同じ名前にされている。「反日」が当たり前の韓国とはずいぶん違う。

台湾も韓国同様、日本が侵略併合した。だから台湾でも日本に批判的な人はいるはずだ。むしろ台湾の人たちの日本に対する思いやりに感謝すべきだし、台湾に対する日本の加害の歴史を学ぶべきだろう。しかし台湾がなぜ「親日」を続けてくれるのか、そのあたりは研究対象になる。

▽中国に対する日本の侵略の歴史も

中国に対する日本の侵略は膨大なものがあるが、ほとんどの日本人は詳しく知らない。いやほとんど知らないといってもよい。それは日本の政治家も例外ではないと思う。ただ国力をつけてきた中国が、いきなり日本の尖閣列島は中国領だと宣言し領海侵略を続けることは、近代法の精神からして認めることはできない。日中関係を早く改善したいところだが、中国の尖閣領有主張が撤回されるのはむずかしそうだ。しかし何とか政治的な歩み寄りで関係を改善したいものだ。

▽在日韓国・朝鮮人をいじめるのは止めよう。

東京の新大久保では「韓国・朝鮮人は出て行け」「在日特権を許すな」という、聞くにたえないヘイトスピーチが繰り返されている。この人たちに言いたい。約六十万人といわれる在日の人たちは、先祖のほとんどはが強制的に日本に連れてこられたか、向こうでは食べることができず、やむなく故郷を捨てて日本に渡ってきたのだ。自由意思で最近やってきたのではない。この人たちはもはや母国語もできず日本人と同じ存在だ。母国のことばを学ぼうと韓国に行った若者たちは、「韓国人なのになぜ韓国語がしゃべれないのか」といじめられている。日本人が暖かく接してあげなければ、在日の人たちの行き場はない。

▽韓国に行こう。とくに地方へ
日本から韓国は近い。旅費は安いし食べ物も合う。日本に似ているようで違う。文化の相違点を観察するのも面白い。韓国旅行というと、ソウルとその周辺だけのツアーが多いが、地方に足を伸ばすと新たな発見があるはずだ。治安はよく心配することは何もない。ソウル近郊の江華島、仁川、雪嶽山、そして南に下がって安東、慶州、釜山、木浦、麗水、全州、済州島など例を挙げればきりがない。済州島以外は鉄道やバスで行ける。きっと暖かい人情に触れることができる。そして深く接すると、似ているようで似ていない点、文化の違いがわかってくる。

多くの日本人が韓国旅行をするようになれば、韓国からの日本旅行も増えるはずだ。これは両国経済にもプラスになる。

韓国から学ぶべき多くの点

▽ハングリー精神
韓国の急速な発展の最大の原動力はハングリー精神だ。ＧＤＰ（国内総生産、二〇一三年）世界十五位となった現在も、その精神は衰えることを知らない。高度経済成長時代に韓国を築いた、いまの七十代、八十代もそうだったが、その次の世代もがむしゃらに働き続けた。逆にいえば、働いた成果

を確実に手にすることができた。最近は若者の就職難が続いていて、働く場を見つけることがむずかしくなっている。

「憎い日本に追いつけ」を合言葉に、高速道路を軽自動車でばく進し、ついに前方をゆっくり走る大型高級車の日本をとらえた韓国は、車自体が中型化し速度も前ほどではなくなったが、一部の製品で日本に並び、いや追い越し、並ぼうとする製品の数も増えてきている。

韓国社会はまだ実力本位ではなく学歴本位だ。学歴によって所得に大きな差が出ていることが統計で示されている。その学歴を得ようと、大学・大学院への進学率は日本よりかなり高い。また少しでも上位の大学に入ろうと、進学高校では毎晩十一時前まで全教室に明かりが灯っている。生徒たちは、そのあとさらに塾に行ったり自宅近くに借りている勉強部屋へ急ぐ。睡眠時間は五時間ぐらいか。

就職しても会社を移籍することが多い。また四十歳前後に会社を辞めて起業する人が多い。失敗することもざらだが、それを恐れる人は少ない。韓国ではどうしてもやっていけないと判断した人は、さっさとアメリカやカナダに経済移民をし、そこでスーパーなどを開いて成功する例をよく聞く。

個人だけでなく、会社や研究所、大学、役所での競争も激しい。すべてあくなきハングリー精神によるものだ。

▽あふれるパワー

そのハングリー精神に支えられてパワーがある。まず食事の量からして日本人の三倍くらい食べる。

といっても食べるコメの量は日本人の方が多い。では何を食べるか。焼肉を毎食、食べているわけではない。週に一、二回だ。食べ物は野菜を豊富に、肉、魚などで、バランスがとれ、体にいいとされるものがほとんど。とくにいいのが発酵食品であるキムチだ。この他、にんにくとトウガラシはほとんどの料理に入っている。韓国食は医食同源とも言われる。会社の社員食堂の昼食でも、ご飯とおつゆの他に最低三、四皿のおかずがあるのが普通だ。お代わりや食後のヌルンジ（おこげのスープ）、甘いジュースなどを全部平らげると韓国人でも満腹感を覚える。

こうした韓国食を小さな子どものころから腹いっぱいに食べ続ける。甘いものは極力与えない。すると日本の子どもより自然と体が大きくなる。こうして大きくなったスポーツ選手は、ハングリー精神とパワーを備えていて、テクニック本位の日本の選手は敵ではない。

さらに日本にないもの、それは兵役義務だ。満十八歳以上の男子は全員、軍隊に行かねばならない。陸軍二十一か月、海軍二十三か月、空軍二十四か月。軍隊では食べ放題、心身ともに鍛えられ、すっかり大人になって帰ってくる。体はがっしりとなり、体力と根性が備わってくる。韓国ではここ十五年ばかりの間に、若者の体が実にたくましくなった。エレベーターなどで並ぶと、見上げるような大男が本当に増えた。日本人よりはるかに大きい。こうした身体条件に支えられて人生を通じて懸命に働く。

働くだけでない。よく飲み、よく遊び、大声で議論する、歌う。すべて偉大なるパワーの発揮といえる。

▽改革性

改革、それは日本の歴代内閣が掲げてきたスローガンであり、韓国の歴代政権もまた改革を柱にしてきた。何を何のためにどのように改めるのかが問題で、中には拙速だったケースもあるが、とにかくスピードが速い。二〇〇三年からの盧武鉉政権が改革が多かったように思える。

たとえば、大統領選挙の際の公約だった、ソウルへの一極集中を避けるための行政首都をソウルから南方の忠清道に移す計画は、与野党も合意して大統領府や国会まで含めた首都機能のほとんどを移転させることに発展したため、そのための特別法は憲法違反だという判断が憲法裁判所で示された。しかし計画を縮小した新しい法律は合憲だとされた結果、当時十八あった政府の部（日本の省にあたる）のうち外交通商部など六つをソウルに残し、他の十二の部などを、中部の忠清南道公州市付近に建設する大規模な行政中心複合都市、「世宗特別自治市」に移転させることになったが、結局九つの部と二処二庁が移転する結果となった。この世宗市は二〇一二年七月に発足し、アメリカのワシントンDCのような道から独立した特別自治市が出現した。

また儒教の伝統によって、女性の地位が依然として低く抑えられているとして、金大中政権のときに大統領直属の女性委員会がもうけられたが、盧武鉉政権になってから、これが女性部という新しい部（省）になり、さらに少子高齢化など家族の問題も所管して女性家族部となった。また〇六年四月には初めての女性国務総理が誕生、さらに二〇一三年には女性の朴槿恵大統領が登場した。

さらに南海上にある島、済州島を香港のような国際自由都市にするために半ば独立させて一国二制度にすることになった。このための法律、済州特別自治道特別法が二〇〇六年二月国会で成立し、〇六年七月から実施された。外交、国防、司法以外の分野で、道議会が国の法令を超える改革を決めることができるようにした。済州島は、観光、医療、教育を産業の大きな柱とし、積極的外資、外国の病院、外国の学校を導入している。

自治体再編成へ

もうひとつ自治体の再編成構想を紹介したい。韓国は現在、日本の都道府県にあたる広域自治体として、ソウル特別市、世宗特別自治市、釜山、大邱、仁川、光州、大田、蔚山の六つの広域市、済州特別自治道と八つの道（江原道、京畿道、忠清北道、忠清南道、全羅北道、全羅南道、慶尚北道、慶尚南道）があり、その下に市町村にあたる二二七の基礎自治体として、七十四の市、八十四の郡、六十九の自治区（特別市と広域市にある区で、議会をもつ自治体。京畿道富川市遠美区のような基礎自治体の中の区は、議会がなく区長は任命制の職員である単なる行政区である。済州道では特別自治道の発足にともなって、それまでの二市二郡が廃止され、全国で初めての単なる行政市である済州市と西帰浦市が発足した）がある。

これまでに与野党が合意したのは、道は日本による統治時代に作られたものだから廃止し、全国をソウル特別市と六十から七十の広域市に改編する。特別市や広域市の中には区や郡を置いても行政単位とし基礎自治体はなくす。具体案がまとまれば国民投票にかける。地方自治はまだ定着しているとはいいがたく、この構想が進められる雰囲気だ。

増えた中央バスレーン

首都であるソウル市の改革もめざましい。公害の元凶にもなっていた老朽化した高速道路を撤去し、その下の道路も狭くして、埋もれていた歴史的な川、清渓川（チョンゲチョン）を復活させ、都心に市民の心をいやす清流を作り上げた。日本なら利害関係者の反対で、十年かけてもできないことを、このあと大統領になった当時の李明博市長はわずか二年数か月で完成させた。

また二〇〇五年には、当時の国鉄・市営地下鉄とバスとの乗り継ぎ制度を実現させ、乗り継ぎの際、新たな運賃を払わなくてもいいようにした。そして道路の中央車線をまるで路面電車のようにバス専用に指定し、バスのスピードアップを実現した。バスに乗る人が増え、その分、マイカーが減った。

ソウルの隣りの京畿道に住んでいた私の場合、以前、外国人登録は仁川まで、運転免許は安山まで行かなければならず、時間がかかって大変だったのが、最近は住所地が違うソウルの都心で受けつけてくれるようになった。窓口のスピードも速い。

二〇一四年六月の統一地方選挙から実施された「事前投票」。有権者が全国約三五〇〇か所ある投票所のどこでも好きな所を訪れて運転免許証など身分を証明するものを提示すれば、コンピューターで有権者名簿をチェックして投票できるようになった。

このように韓国では現状に満足することは少なく、たちまちにして大変化が起きる。改革するのが当たり前で、よくなかったら、また変えればいい、という考え方だ。教育制度のようにいじりすぎだという批判が出る場合もあるが、総じて改革は合ことばであり、これまでのものは、あっという間に「既存の」という表現がつけられて葬りさられてしまう。

憲法も九回改正されているが、これは時の権力者が自分に都合よく改めたり、それをまた改めたりしたためだ。

▽スケールの大きな発想

公共施設を作るとする。日本なら狭い敷地にぎりぎりの施設が作られる。土地代が高いことが大きな要因だ。だが韓国では将来を見越した巨大な施設になることが多い。土地代は安いし公共用地はふんだんにある。必要ならば、土地収用法を適用してもよい。国や自治体の借金も日本ほどではない。しかし何よりも考え方のスケールがでかい。どこにそうした発想が潜んでいるのかと、いつも考えてしまう。こうして日本人がびっくりするような大きな施設が誕生する。工期は遅れることが多いが。

代表的なものを挙げると、四〇〇〇メートル級滑走路四本（現在は三本）を持つ仁川国際空港、釜山港が手狭になったため釜山市南西海岸に建設したコンテナー埠頭三十バースを備える釜山新港、仁川の松島国際都市、ソウルの国立中央博物館などがある。いずれも巨大でさらに拡張中か、拡張の余地がある。ソウル江南には往復十二車線の広い道路もある。

▽住宅政策と都市計画

韓国の住宅政策と都市計画こそ日本が学んでほしい。都市には一五階建て以上のアパートが林立し、毎年速いテンポで増え続けている。日本のような公営住宅ではない。ほとんどが個人所有だ。大卒の場合、結婚とともに、あるいは数年で、こうした快適な住宅に入るのが普通だ。しかも日本のようなローン地獄はほとんどない。安い土地の上に何階も家を積み重ねるわけだから、住宅の価格は一戸建てと比べ物にならない安さとなる。民間の建設会社が政府の規制の中で競争しながらほぼ同じようなアパートを建てて分譲する。そして親がかなりの資金をくれ、自分もある程度貯めているからだ。こうして家族が増えるにつれ、大きな面積のアパートに移って資産価値を高め、子どもが自立するころには子どもに資金を与えるほどになる。不動産価格の上昇が続いているからだが、今は利益が出た場合、半分を税金でもっていかれるようになっている。陽のあたらない密集住宅地区もまだあるが、総じて韓国の住宅政策は日本の参考になるはずだ。

こうした住宅政策の背景にあるのが都市計画だ。

韓国は朝鮮戦争で国土が灰塵《じん》に帰した。一からやり直す過程で、軍事政権はきちんとした都市計画を求めた。この結果、韓国の都市は旧市街を一部抱えてはいるものの、大部分はすっきりした計画的な街路となった。そして高層アパートが軒を並べ、低層住宅が郊外へ延々と続く以前の日本の景色とは違う近代的都市となった。どこの都市でも市街地のはずれに行ってみてほしい。一五階、二五階のアパート群が突然切れると、団地を囲む道路の外は美しい田畑が広がる。農家も日本のように点在せず、固まっているから、市街地からいきなり田園地帯となる。

こうした都市計画は土地の高度利用となる。狭い地域にぎっしりと住宅があり多くの人が住んでいるのだから、バスやタクシーの利用度が高く経営が成り立つ。商店も大型店舗も客でにぎわう。鉄道の乗客も多い。暖房や風呂などに使う温水を供給する地域暖房もあるのが当たり前だ。こうした状況はソウルや首都圏だけでなく地方都市でも同じ。また街路の無電柱化も進んでいる。それがまたソウルの街を美しく見せている。

▽公共の利益優先

韓国では公共の利益が絶対的に優先する。政府や自治体でその土地が必要で、相手が買収に応じないとなると、手続きを踏んで土地収用をする。それを裁判にかけて争っても、韓国の裁判は二年程度で最高裁まで行く。したがって、とことん争う人は少ない。だから、成田空港のB滑走路が土地収用できずに永年、完成しなかったことなどは韓国人には理解できない。何故、土地収用をしないのか、空港は公共の利益の代表格ではないかと質問してくる。まさにそのとおりで、国際的に説明がむずかしい話のひとつだ。

▽おおらかさ・人情の厚さ

韓国の人たちは本当におおらかで人情が厚い。そして明るく親切、話に表裏がなく、うそがない。これらは私と家内が韓国でつきあった人たちを通じてのいつわらない印象だ。「ケンチャナヨ」ということばに代表されるおおらかさは、時にいい加減さに通じることもあるが、それも含めて愛すべき性格だと思う。とくに人の過ちに対しておおらかで、深く追求しない。自分の食べる分がなくなっても人に差し出す。人に品物をあげるときの量は驚くほどの多さだ。困っている人を見つけると助ける。電車の中では物乞いが多い。私は初めのうち何もあげなかった。国が制度的にこの人たちを助けるべきだと考えたからだ。しかし社会保障制度はなかなか充実しない。困っている人には個人的に手助けしなければならないと考えるようになった。教会に通う人たちが多く、そこでの教えもあるに違いないが、助けを乞う人がいれば、必ず手を差し伸べる。お年寄りを大切にする。いずれも日本社会が失ったものを、韓国社会はいっぱい持っている。

▽豊かな表現力

韓国人の表現力の豊かさには日本人はとうてい及ばないと思う。もちろん天性のものだが、情熱、おおらかさ、飾らない素直さ、といった性格に、民族的な「恨（ハン）」が背景となって、あふれるような表現力となる。芸術家が多いが、一般の人も歌が実にうまい。ほとんど誰もがうまいし平均点が高い。またすぐ踊りだす。赤信号で停まっている貸し切りバスが何故か左右に揺れている。車内で乗客のおばさん、アジュンマたちが曲に合わせて踊っているからだ。

花束の包装がまた美しい。切花をいろいろな色の紙で美しく包みあげる。花プラス包装の美しさとなる。

▽きれいな歯

「美人が多いな」、韓国の電車に乗って最初にそう思った。鼻がすっきりと高く、目もぱっちりしている。だが韓国に長くいるにつれ裏の事情がわかってきた。高校を卒業して大学など上の学校に進む休みの間に、親が費用を出して鼻やまぶたの整形手術を受けさせるのだ。美人を作りだす整形外科医は繁盛する。技術もなかなかのもの。日本や中国の若い女性も整形を受けにやってくる。整形する気持ちは理解できる。だが、それが虚偽の始まりにならなければよいが。

しかし歯に関しては、韓国人は世界一歯のきれいな民族だと言ってもいい。歯並びがよく、笑うと白い歯がそろう。虫歯だらけの人など見たことがない。背景に遺伝もあるだろうが、子どものときに日本人ほど甘いものを食べさせない。それからよく歯を磨く。職場でも昼食のあとに歯を磨く人が多い。

コラム　助けてくれた韓国人

韓国人は開けっぴろげ、人情に厚く、人助けも積極的にしてくれる。日本人が失ったものを持っている。

韓国中部の清州から満員のバスでソウル南方の水原に向かったときのこと。入り口近くに立っていた私は、停留所で後ろの人が降りるときにいったん外に降りねばならない。ところが運転手は再び乗り込む私に料金の催促をする。「出発地で初めに入れたよ」と言っても信用せず、運転手とは走行しながらの長い言い争いとなる。それを見かねた後部座席の男の人が前に出てきて「この人は確かに出発のときに一緒だった」と証言してくれた。わかると運転手は態度一変、今夜一緒に飲もうとまで言いだした。

もうひとつ、全羅道から列車でソウルの永登浦に着き駅のコンコースへ。人ごみの中で同行の東京からの若い日本人がカメラのフラッシュをたいた。途端に鋭い非難の大声。周りの人が見つめる中を私は写された男の人に平謝り。しかしそこに助け舟、第三の男が現れ、その人を逆に激しく責めたてる。挙句の果てにテコンドーの取っ組み合いとなった。私たちはその人に感謝しながら、その場を去ったのだった。

第七章　韓国への要望と提案

ここで韓国の人たちに望みたいことがある。それらを列挙したい。

▽日本をもっと知ってほしい。

まず日本のことをもっと正確に知ってほしいことだ。韓国では「東京は福島の原発事故で放射能で強く汚染されている」と信じられているようだ。そうであれば事故からもう三年以上もたっているので、放射能の影響が当然出てきているはずだ。何よりも韓国マスコミの東京特派員の人たちが無事でいるのはおかしいではないか。韓国では軍事政権時代から報道の管制が永く続いたため、人々は今でもまことしやかな裏情報を信じる傾向がある。日本についての正しい情報が伝わることを切に望みたい。

それから節度ある論評も望みたい。有力紙の中央日報が東日本大震災の際、「日本沈没」という大見出しをつけたり、「広島・長崎への原爆は神による懲罰」と題する社説を掲げたことは、行き過ぎではないか。しかし、それをいうと、日本の週刊誌や一部の本の記述も褒められたものではないといわざるを得ないのだが。

韓国では、日本のことはよく知っている。日本の文化は自分たちの国が伝えた文化をもとにできた。だから日本は自分たちが作ったようなものだ、として、日本を見下し正しい日本の姿を知ろうとしない人が多い。こうした考えは相当屈折したものだと思うが、こんな人が実際に多いのである。そして日本は見ないようにして、遠く離れたアメリカやフランスを模範にする。日本なんてまるで存在しないかのように。でもこうした人たちは日本のことを何も分かっていないのだ。

そうした人たちに呼びかけたい。多数の日本人は韓国が好きなことを知ってほしい。過去に日本がしたことを本当にすまないと思っている人が大勢いることも知ってほしい。また一部の政治家の言動を日本のすべてと思わないでほしい。

でも最近の韓国の「反日」で、韓国が嫌いになった日本人が増えていることも合わせて知ってほしい。

▽もっと日本に来てほしい。日本の上空を素通りせずに、一度降りてきてほしい。日本に来れば、それはよくない部分もあるかもしれないが、きっと、これまで抱いてきた考えとは違う日本を発見するはずだ。そして日本を改めて見直すと思う。マスコミなどで日本を知っていたと思っていたが、実際に日本に行ってみると、ずいぶん、違っていたことに気がついた、という例を私は数多く知っている。日本に行って思ったとおり悪い国だとか、思っていた以上によくない国だったという体験談はいまだ聞いたことがない。

日本を直接見て日本人と触れ合えば、韓国にいるとき日本に対して抱いていた考えが変わるはずである。その際、韓国にはない日本の老舗のよさとか、職人の技なども見てほしい。マンガが生み出される背景には関西人のユーモアや落語の世界があることも知ってほしい。

▽日本から学ぶべきことがあるはず

日本が嫌いでも日本から学んだほうがいいこともあるはずだ。たとえば日本の公害や災害から教訓や対策が得られる。二〇一四年四月の珍島沖黄海でのフェリー沈没事故は、二〇〇九年十一月に三重県沖の熊野灘でのありあけ号事故を、一九九五年四月の大邱の地下鉄建設現場でのガス爆発は、一九七〇年四月に大阪で起きた天六ガス爆発事故を、参考にしていれば発生を防いだり被害を軽減できたはずだ。日本のいろいろな制度も参考になるものがあるはずだし、それらの基本になる哲学的思考も大事だと思う。

▽日本文化の流入阻止はもうやめて！

韓国はいまだに日本の大衆文化の国内への流入を規制しているが、これはもうやめてもらいたい。韓国は「低俗な日本の大衆文化」から自国文化を守るため、そして国民感情に配慮するためとして、日本のテレビドラマ、映画、マンガ、日本語の歌の韓国への流入を強く規制してきた。しかし金大中大統領が一九九八年に来日したのをきっかけに段階的解禁に踏み切り、二〇〇四年一月までに四回の解禁が行われた。これによって日本の映画とＣＤなどは認められたが、テレビドラマとバラエティ番組、日本語の歌は地上波テレビでの放送がいまも禁じられている。テレビ局には「倭色論難（ウェセクノンラン）」ということばがあって、日本文化を徹底的に排除している。

日本は韓国ドラマを大量に輸入して放送し、韓国人歌手の日本公演にもなんらの規制はない。現在の韓国の措置は不公平であり、韓国が自国文化に自信を持っているならば、早急に全面解禁すべきだ。そもそも文化に国境は作れない。コピーやパクリを生むだけである。

▽なんでも「日本が壊した」と、日本のせいにしないでほしい。

韓国の地方を歩くと三国時代の歴史的建造物などが数多くあるが、かなりの所で「日帝強占期（日本統治時代）に日帝が壊した。傷つけた」という説明に出くわす。しかし、それを額面どおりには受け取れない。日本はその時代でも韓国の文化遺産を保護していたはずだ。朝鮮戦争による破壊や管理不十分もあると考えられるが、「悪いことはすべて日帝のせい」にする傾向がある。日本、イコール悪であり、日本に対してはなにをしてもいいのだという誤った空気が韓国にはある。

▽「対馬は韓国」といわないでほしい。

対馬は韓国領だという考えが韓国にある。いや九州もそうだと真面目に主張する韓国人も多い。九州本土と韓国の間にある長崎県の対馬は、北の端にいくと釜山の灯が見えるほど韓国に近い。戦前、対馬の人たちは船で釜山に買い物に行っていた。いまは釜山から韓国人観光客が大勢やってきて、島は韓国に占領されたようになる時もある。

朝鮮王朝時代の対馬藩、すなわち宗氏は、徳川幕府との間に立って外交の役を果たしていた。通訳の役目を果たし、時には双方の手紙を偽造までして日韓の間をつないできた。山が大部分の対馬は平地が少なくコメがほとんど採れない。そこで朝鮮王朝は宗家に麦数百俵を与えたという記録も朝鮮側に残っている。そんなこともあって現代韓国では対馬の返還を求める声があり、反日の機運が高まったのを背景に、これまでに馬山市（現昌原市）と議政府市の二つの市議会が対馬返還を決議している。しかし歴史的経緯があったにしても、対馬は日本であり、争う余地はない。二つの市議会は国際法や国際的礼儀に反する決議を取り下げるべきだ。

▽歴史教科書は愛国だけでいいのか

日本の歴史教科書に過去の反省がない。あってもわずかだという批判が韓国にある。そういう批判も成り立つと思う。しかし韓国の教科書を見ると、韓国が負けたり被害を受けたりしたことの記述がほとんどなく、韓国が勇敢に立ち向かって相手を倒したという記述ばかりが目立つ。歴史教育は客観的な史実をもとに教えるべきではないだろうか。

▽日本の天皇を「日王」と呼ばないでほしい

韓国の人たちが、日本の天皇は韓国侵略の象徴だとして、天皇と呼びたくない気持ちは理解する。しかし日王という言い方は韓国内部でならともかく、日本に聞こえる場では慎んでほしい。そのことは韓国の大統領を小統領というような失礼な言い方をするのと同じだ。

昭和天皇が亡くなったとき、韓国のマスコミは「日王裕仁（ひろひと）死す」と報道した。また今の天皇（ちなみに天皇は、生前は年号をつけて平成天皇というような呼び方はしない）についても、明仁（あきひと）と呼び捨てにしているのを見る。実は日本では裕仁が昭和天皇で、明仁が今の天皇であることを知っている人は少ない。日本人はそういう言い方になれていないことも理解してほしいものだ。

それよりも今の天皇は、天皇家が韓国にゆかりがあると発言して、韓国に友好のメッセージを送った意味を理解してほしい。天皇は二〇〇一年十二月二十三日の六十八歳の誕生日を前にした記者会見で、「私としては桓武天皇の生母が百済の武寧王の子孫であると、続日本紀に記されていることに韓国とのゆかりを感じます。武寧王は日本との関係が深く、このときに五経博士が代々、日本に招聘《しょうへい》されるようになりました。また武寧王の子、聖明王は日本に仏教を伝えたことで知られています」と述べた。

当時の韓昇洙（ハン・スンス）外交通商部長官は「韓日関係で誰もが知っていた事実が天皇を通じて確認された」と言ったが、果たして誰でも知っていた事実だっただろうか。日本国民の大多数は、そうしたことは知らなかった。天皇は翌年のサッカーW杯を前に日韓友好をはかろうと発言したのだと私は思う。しかし韓国の論調は「日本の天皇の根は韓国」と都合よく拡大解釈してしまった。

天皇はこのとき、次のようにも語っている。

「しかし残念なことに韓国との交流はこのような交流ばかりではありませんでした。このことを私どもは忘れてはならないと思います。両国民の交流が盛んになってきていますが、それがよい方向に向かうためには、両国の人々がそれぞれの国が歩んできた道を個々の出来事において、正確に知ることに努め、個人個人として互いの立場を理解していくことが大切と考えます」

ちなみに今の天皇は、二〇〇五年六月、自ら希望して太平洋戦争の激戦地、サイパン島を慰霊訪問している。その際、韓国人犠牲者追悼平和塔の碑にも立ち寄って四分間黙禱した。この平和塔訪問は予定外の行動だった。

▽韓国に尽くした日本人も大勢いることを知ってほしい

日本統治時代の日本人は、全員悪人だと韓国では考えられているかもしれないが、韓国に尽くした日本人も大勢いる。

よく知られているところでは柳宗悦（一八八九～一九六一）。美学者・思想家で、韓国の美術に深い理解を示し、ソウル（当時は京城）の景福宮光化門が道路の拡張で取り壊されそうになったのを、論陣を張って原形のままのわずかな移転に食い止めた。またソウルに朝鮮民族美術館を開いた。三一独立運動を朝鮮総督府が弾圧するのも強く批判した。

浅川巧（一八九一～一九三一）。朝鮮総督府の林業試験場技師で薪にする伐採で丸裸になっていたソウル周辺の山々で献身的に植林を進めた。朝鮮の陶磁器や木工製品も研究した。四十歳の若さで亡くなるが、ソウル忘憂共同墓地にある墓は地元の人たちによっていまも守られている。兄の伯教は朝鮮古陶磁の権威。

水崎林太郎（一八六八～一九三九）。岐阜県で町長をしていたが、開拓農民として大邱近郊に移る。干ばつで農民が困っているのを見て土地改良組合を作り、総督府と掛け合い支援金を受けるとともに花の栽培で成功した私財も投じ、十年の歳月をかけて農業用水を貯める寿城（スソン）池を完成させる。流出した韓国式墓地を地元の人たちが補修して毎年追悼式典が開かれている。

▽全容解明すべき、韓国軍によるベトナム民間人大量虐殺

確かに日本は、過去に韓国に対して過酷な行為を数多くした。それを認めて日本はさらにきちんと謝罪すべきだというのが本書の主張である。

だが韓国は常に被害者だったわけではない。一九六〇年代に激化し七十五年に終わったベトナム戦争で、韓国軍はアメリカから給料を支給されて参戦した。六五年から七三年にかけてその数延べ三十一万人、最盛時には五万人が最前線にいた。のちに大統領になった全斗煥、盧泰愚の両氏も連隊長などとして部隊を指揮している。

アメリカ軍によるソンミ村虐殺事件（一九六八年、五〇四人虐殺）が世界に報じられているが、韓国軍も同じような残虐行為を数多く行い、ベトナム人から鬼のように恐れられていたという。

一九九七年、ホーチミン市の大学院でベトナムの研究をしていた韓国人女子留学生のク・スジョン

（具秀娫、のちに歴史学者）が、ベトナム共産党政治局の内部資料を手に入れたことで、この事実がわかった。これをきっかけに韓国の時事週刊誌「ハンギョレ21」が、隊外不出のタブーとされてきた虐殺の模様を退役軍人から取材し、一九九九年五月から一年間にわたって連載した。そこには戦慄する体験が語られていた。

大部分が女子どもの集落全員を一か所に集め機関銃を乱射。日本が一九一九年に水原郊外の堤岩里で行ったことと似ているが、これが繰り返された。子どもの首をはねたり、脚を切断してから火の中に放り込む、女性を強姦してから殺す、妊婦の腹を軍靴で踏みにじる、トンネルに全員を集めて毒ガスで殺す、などなど。こうして韓国軍が虐殺したベトナムの民間人は一説では三十万人を超えるという。南ベトナムの民族解放戦線の兵士は民間人と同じ服を着ていて見分けがつきにくかったと韓国軍関係者は弁解しているというが。

ベトナム戦争に従軍した韓国軍兵士らが本国に送金したアメリカ・ドルは、アメリカからの韓国への直接援助、日韓基本条約にもとづく日本からの無償・有償援助の資金とあいまって韓国経済を潤し「漢江の奇跡」を築いていった。

週刊誌「ハンギョレ21」を発行するソウルのハンギョレ新聞社は怒った退役軍人たちに踏み込まれ施設が破壊された。韓国軍はこれらの事実を認めず、政治家の朴槿恵氏は「国軍を侮辱する」と憤った。

ベトナム戦争では韓国軍兵士も五〇〇〇人が犠牲になった。また新聞社を襲った退役軍人たちの多くは、アメリカ軍がまいた枯葉剤によって神経を侵され後遺症に苦しむ人たちだった。

アメリカの週刊誌、ニューズウイークも、二〇〇〇年四月、この問題を報道し、韓国軍は少なくとも八〇〇〇人以上のベトナム民間人を殺したと伝えた。

これとともに浮上してきたのが「ライダイハン」問題。韓国軍兵士や当時、特需でベトナムに行っていた民間人らがベトナム女性に産ませた子どもたちだ。少なくとも一五〇〇人、最大で三万人いるという。ライダイハンはベトナム語で、ライは混血雑種、ダイハンは「大韓」のベトナム語読み。社会的差別の中で暮らしている。

こうした中で当時の金大中大統領は、とりあえずベトナムに対して謝罪している。

また韓国政府はベトナムに対してかなりの無償援助をしている。その額は一九九一年から二〇〇八年までで合計九〇四五万ドル、しかも虐殺が多かったベトナム中部に集中した。

実はこの問題、肝心のベトナム政府は多くを語らない。問題にフタをする代わりに韓国からの援助を引き出したのではないかと考えられる。韓国とベトナム双方が問題にフタをしているため、いまだに全容は明らかになっていない。しかし被害者の無念を横に置いての友好は、やはり微妙なミゾが生じ、真の友好にはなりえないことは歴史が証明している。

「いつも被害者だった」は「神話」だ

韓国には歴史上いつも被害者だったという、いわば「神話」がある。だから残酷な加害者の一面があったことは認めたくないに違いない。しかしベトナム戦争での残虐行為は事実として否定できないところだろう。

韓国が加害者になったことはベトナム戦争が初めてではない。鎌倉時代の十三世紀後半、二度にわたる元寇で、高麗軍は元軍とともに対馬・壱岐を侵略、博多などに上陸した。このとき高麗軍は殺戮・強姦・略奪を重ねた。壱岐には泣いている子どもを黙らせるとき「そんなに泣くと、ムクリが来るぞ、コクリが来るぞ」ということばが残っている。ムクリはモンゴル軍、コクリは高麗軍を指す。

このときの高麗軍・元軍の残虐行為がその後の倭寇を招いた。倭寇は十四世紀前半の鎌倉末期、壱岐・対馬・松浦・五島からたびたび朝鮮半島を襲った。このため世宗大王のときなどに、倭寇が出払っている頃合いをみて朝鮮王朝軍が対馬に上陸し倭寇の根拠地に打撃を与えていた。

つまり韓国は歴史上、被害者であったことがほとんどだが、決して被害者だけではなく加害者だった側面も併せ持っている。これが歴史の真実であろう。

▽竹島は国際司法裁判所に判断してもらおう

最後に日韓間の最大の争い、竹島、韓国での呼び名、独島（トクト）についての意見を述べたい。

韓国は日本がサンフランシスコ条約に調印して諸外国と講和した直後で発効三か月前の一九五二年一月、李承晩大統領が突如、李ラインを一方的に宣言してこの島を取り込み、以来、警備隊が常駐して実効支配を続けている。ちなみに李承晩ラインでは、日本漁船二三三隻が拿《だ》捕され二七九一人の漁船員が抑留された。うち五人が死亡している。

韓国では「独島はわが土地」という歌を子どもたちが歌い、韓国で「竹島は日本の領土だ」などと日本人が言うものならば、生きては帰れない雰囲気さえある。「竹島」については、まったく問答無用の雰囲気で、日本人には一切の反論も許されない。

「独島」が韓国領土である理由として、韓国では誰もが「独島は、地理的、歴史的、国際的に韓国の物だ」と答える。ではそれを具体的に説明してほしい。歴史上何年に最初の領有の記述があるのかと質問すると答えることができる人はまずいない。

そこで提案したい。それほど自信があるのならば、また実効支配をしているのだから、ぜひオランダ・ハーグの国際司法裁判所に審理をお願いするのはどうだろうか。日本は南氷洋の捕鯨でオーストラリアの提訴に負け、いさぎよく判決を受け入れた。国際司法裁で結論が出たら日本人もあきらめるだろう。日本人の立場から言えば、もともとあまり関心がない島だが、近代法の精神から言うと竹島は日本領である。いつまでもこの問題をひきずるのは両国にとってよいことではない。韓国にとっても国際的に領有権が認められれば、日本にこれ以上主張されることはなくなるのだから。

第八章　ともに世界平和に貢献できる

安倍内閣の右寄り路線はとどまるところを知らない。円安を誘導して景気がよくなったようにみせかけ、消費税を引き上げた。日本版ＮＳＣの設置、秘密保護法の制定、武器輸出三原則の撤廃、防衛力強化、原発輸出の推進、教育長の権限強化、ＮＨＫ会長・経営委員の自分寄り人事、憲法改正のための国民投票法、そして憲法解釈を勝手に変更して集団的自衛権の行使を部分的に容認し、専守防衛から大きく踏み出そうとしている。背景には圧倒的多数を誇る自民党の存在がある。安倍首相の本心は「われわれは過去に悪いことはしていない」と考えているように思われる。よく口にする「美しい日本」という美意識による行動が靖国参拝なのだろう。

安倍首相の登場後、韓国では反日の声が高まり、慰安婦問題をテコに中国と連携して日本包囲網を作ろうとしている。太平洋戦争中の徴用工たちは、受け取れなかった賃金の支払いを求めて日本企業を自国の裁判所に提訴し、その原告たちが韓国と中国で連携しはじめた。

こうした中で大韓弁護士協会は、元徴用工と慰安婦を支援する財団を設立する法案を発表した。この財団は日韓の政府と企業が資金を出す仕組み。このうち韓国側の企業は、一九六五年の日韓基本条約による日本からの経済協力の恩恵を受けて今日の発展につながったポスコなどが想定されている。日本政府は条約による日韓請求権協定ですでに解決済みとしているが、現状を考えれば、一考に値する案ではないだろうか。

旭日旗禁止法案

また旭日旗は日本による侵略の象徴だとして、「旭日旗禁止法案」が二〇一三年九月、国会に上程された。違反者は一年以下の懲役または三〇〇〇万ウォンの罰金を科すことになっている。この法律が成立すると旭日旗を艦尾に掲げる日本の海上自衛隊の護衛艦は韓国の港に入港できなくなる。

旭日旗はそもそも日本陸軍の旗として一八七〇年に制定され、その後、海軍の軍艦旗として掲げられ定着した。陸上自衛隊や海上自衛隊でも使われている。長い間とくに問題はなかったが、二〇一一年一月の日韓サッカー戦あたりから、韓国でこの旗は日帝（＝日本帝国主義）の象徴でナチスのハーケンクロイツと同じだと言われるようになった。

しかしこれは事実と違う。第二次大戦で日本とナチスドイツが提携していたころ式典などでナチスの旗と一緒に使われたのは国旗である日の丸だった。旭日旗は日本軍が使っていたため、ハリウッド映画などではナチスの旗と一緒に使うようになり、ナチスのイメージが伝染したといえる。韓国人得意の思い込みによって禁止法案まで出された。日本としてはまさに鳩に豆鉄砲であり、この法律が制定された場合、両国間の感情的対立が高まることは間違いない。韓国国会の良識を信じるほかない。

ところで韓国の歴史は他国に侵略され続けた歴史でもある。日本だけでなくモンゴル、中国に永い間支配された。韓国の隣の中国を見ると、近代になって西欧列強に侵略され、香港、マカオを一〇〇年間失った。しかし韓国はモンゴル、中国に、また中国は西欧列強に、今日の日本に対してのような態度はとっていない。これはなぜか。それは日本の支配が苛烈であったからではないか。先祖を大切にする韓国人の姓名を日本名に変える「創氏改名」を強要し、ソウル南山の朝鮮神宮など各地に神社を建てて東方遥拝を強いた。絶えない生命の危険と強烈な人権抑圧という日本の特異な支配形態にその遠因があると私は思う。これに対してモンゴルや中国は、韓国の自主性を保証する間接支配だった。

したがって「日本は韓国でいいこともした。鉄道も作ったし小学校も設立した」といっても、「それは日本が占領目的遂行のためにやったのだ」といわれれば反論できない。そのうえきちんとした謝罪がまだできていないのだ。

二〇一四年四月、カナダの人気ポップ歌手で俳優のジャスティン・ビーバーさんが東京にやってきた際、靖国神社で写真を撮り、それをネットに載せた。たちまち韓国のファンからブーイングが殺到した。

彼は単に異国情緒のある風景で記念写真を撮ったものと思われるが、思いがけない韓国からの反発に驚いたはずだ。あわてて写真を削除、謝罪したが、二国間の対立はこうしたハプニングも生み出している。

ましてて日本のリーダーが靖国を参拝すれば、韓国、中国の反発の度合いは最高度となる。

韓国の朴槿恵大統領は、二〇一四年三月、開かれないでいる日韓首脳会談を再開する条件として、①河野談話・村山談話の継承、②安倍首相の靖国参拝中止宣言、③慰安婦問題での高官級協議の三つを求めた。①については安倍首相が早速国会で「見直さない」ことを表明して、オランダ・ハーグでの日米韓三か国首脳会談にこぎつけた。③についても四月から両国外務省局長級協議が始まった。

しかし靖国参拝中止宣言はできないでいる。考えてみれば、この韓国の提案は「安倍首相はすでに靖国参拝をしたのだから、それはそれとして今後はやめてくれ」という、いわば助け舟を出したものとも受け止められ、これにこたえることは簡単なはずだ。過去に中曽根首相は中国の抗議を受けて靖国参拝をやめているではないか。

中国とは是々非々で

韓国のことばかり書いてきたが、中国についても触れておくべきだ。中国は一九八九年のソビエト崩壊に引きずられずに共産党一党支配を続け、いまやアメリカを追う経済大国になっている。その力を背景に日本の尖閣諸島は自国領だと言い出したり、東シナ海の日中共同開発海域で勝手に油田開発をしたりしている。そして南シナ海ではベトナムやフィリピンのすぐそばで石油や漁業資源を自国のものにしようとしている。またアフリカ諸国などを援助して国連での票を確保している。

国内的には新疆ウイグル族を弾圧し自由な言論を封じ込めている。政権に都合の悪いインターネットや衛星放送はさえぎって国民の耳目をふさぎ、共産党幹部や地方政府の汚職・腐敗はほとんど報道させず、公正であるべき裁判さえも党が牛耳っている。改革は遠い先の感じだ。

こんな隣国に対して日本はどのような姿勢で接すべきか。それは妥協をしない毅然とした是々非々の姿勢しかない。しかし忘れてならないのは、日本は日中戦争で数えきれない数の中国人を殺傷したことだ。中国はもちろんそのことを折にふれて取り上げているが、個別の補償までは要求していない。中国は大人の国だ。日本は過去を背負ったうえで中国とウインウインの関係を続けるしかない。だから侵略の過去を否定するような日本の指導者の言動はあり得ないと思う。

やはりドイツには学ぶところがある

第二次大戦の戦後処理で模範とされているのがドイツだ。周辺国への賠償もきちんとしたと伝えられているが、そこには事実の誤認や歪曲があるらしい。確かにドイツは、ナチスによるユダヤ人のホロコーストに対しての補償はした。しかし戦争による被害補償はしていない。ナチスによる不法行為に限っての補償で、しかも自国民への補償がほとんどだという。

しかしアメリカにいるナチスによる強制労働の被害者からいくつものドイツ企業が訴えられ、ドイツ製品の不買運動に発展すると、ドイツ連邦議会は二〇〇〇年、こうした補償をするための「記憶・責任・未来基金」を設立することを決めた。一〇〇億マルクを六五〇〇の企業と国で折半し、二〇〇一年から七年間かけて約一〇〇か国の一六七万人に補償した。補償額は一人あたり二五〇〇ユーロ、日本円にして三十五万円だった。金額は十分なものではなかったが、これでドイツ企業はアメリカで自由に経済活動をする保証を得たという。この財団の理事長、マルティン・ザルムさんは、「近隣諸国と良好な環形を築くには過去を直視するしか選択肢はないという社会的合意がドイツにはある」と語っている。韓国・中国での強制労働での補償要求が持ちあがってきたが、日本も参考にすべきではないか。

またドイツは、隣のポーランドと歴史の共同研究をした。両国のユネスコ国内委員会によって一九七二年、「ドイツ（当時は西ドイツ）・ポーランド共同教科書委員会」が設置され、両国の歴史学者が四年間、古代から近代にいたる両国関係史を忍耐強く話し合った結果、七六年、二十六項目についての「勧告」が委員会から出された。

たとえば「第二次大戦中のナチスの占領政策と、それに対する抵抗」では、「ドイツの教科書はポーランドでナチスが行った過酷な占領政策を正確に描くこと」「ポーランドでの抵抗運動の意義を正当に評価すること」が勧告された。そしてこれらの勧告がその後の教科書に反映されたのである。日本、韓国、中国の三か国でも共同の歴史研究が行われたが、一致点は見いだせず、各国の記述併記となっている。

イギリス・アイルランド関係

日本と韓国との関係に似ているのがイギリスとアイルランドとの関係だ。韓国が大陸と地続きの半島なのに対してアイルランドは島だが、ともに海をへだててはいるもののすぐ近くにある点で地理的にも似ている。このアイルランド、中世からイングランド王国の支配下に置かれ、植民地的侵略を受けてきた。一八〇一年にはイギリスに併合されたが、ジャガイモ飢饉と呼ばれる飢饉などで、アメリカへの移民が急増、人口は半分に減る。独立戦争によって一九二二年に自治領、一九三七年に独立国、第二次大戦後の一九四九年、英連邦を離脱して共和国になった。

北アイルランド紛争もあって関係はよくなかったが、サッチャー政権のころからの地道な和平交渉が徐々に成果を上げ、エリザベス女王の訪問にこぎつけた。

余談だが、このイギリスとアイルランドの関係を、日本と朝鮮との関係に重ね合わせて研究していた学者が戦前の日本にいた。のちに東大総長になった矢内原忠雄である。矢内原はアイルランドでのイギリスによる土地収奪の経緯を調べ、朝鮮での日本政府のやり方を批判していたことが、その後発見された講義ノートで明らかになった。

イギリスとアイルランドの関係は、いま、これまでにない良好なものになっているという。空の便でイギリスに到着するアイルランド人は出入国カウンターを通る必要がなく、またアイルランド人はイギリス軍に加わることもできるようだ。

情けない新大久保のヘイトスピーチ

東京・新大久保のコリアタウンでのヘイトスピーチは本当にひどい。「朝鮮人は出ていけ！」「殺せ！」「ゴキブリ」などとスピーカーで叫ぶ。デモの中心となった在特会はネットで会員を募集し一万三〇〇〇人を超える会員がいるという。大阪鶴橋でも同じようなデモが行われている。日曜日などは旭日旗や日の丸を掲げた数百人が集まり、韓国の国旗を踏みにじったりしている。コリアタウンの店の売り上げも大きく減っているという。機動隊が出ているが、日本にはこうした行為を取り締まる法律がない。表現の自由が保障されているからだ。

だがドイツでは人種差別や偏見によるヘイトスピーチは法律で禁じられている。こうした言動は自由の敵であるという考えだ。

新大久保でのヘイトスピーチについて、ジュネーブにある国連人種差別撤廃委員会は、映像を見た結果、これに規制を加えることは表現の自由を侵すことにはならないと判断。日本政府に対して差別禁止法の制定を勧告する方針だ。

埼玉スタジアムでのサッカー試合で外国人排斥の横断幕が張られ、浦和レッズは初めての観客を入れない試合を命じられた。四国のお遍路さんでも外国人を拒否する張り紙があったという。

東京・新大久保の真似をしたのだろうか。佐賀県鳥栖市では、日本語学校に通っているネパール、ベトナム、スリランカからの留学生に、車の中から卵を投げつけたりマヨネーズをかけたりエアガンを発砲する事件が相次いだ。少年三人が暴行容疑で逮捕されたが、留学生十九人が被害にあったという。偏狭なナショナリズムの行動が目立つようになったのは安倍政権の登場と関係があるのか。

在日韓国・朝鮮人は、歴史的経緯があって本人の意志ではなく日本に来てそのまま住みついた人が多い。韓国に行っても差別される。いわば日本人と同じ意識と文化を持って平和裏に日本で暮らす人たちに「本国へ帰れ」の罵声を浴びせるほど、私たちは貧しい心の持ち主なのだろうか。韓国での「反日」がいかに大きくなろうと、こんな行動での仕返しは情けない。

しかも私たちがソウルに行っても、水曜日の日本大使館前以外では韓国人はこのような行動をとっていない。まったく安全なのだ。

地球の国際化が進むなかで、偏狭なナショナリズムは、結局は自分たちの首を絞めることになるのを知らねばならない。

コラム　休戦ライン付近でスパイと間違えられる

ＫＢＳ日本語放送にいた時のこと。友人のＫＢＳ職員の案内でソウルから国鉄京元線の列車で北の休戦ライン付近に向かっていた。アメリカ軍の大きな基地がある東豆川を過ぎると大砲の陣地が見え緊張感が高まってくる。マイク片手に日本語でリポート録音をしていた私は車内の視線を感じていたが、停まった駅で警察官が一人乗り込んできて私たちに質問する。私たちはスパイと思われていたのか、誰かが通報したのだ。

友人がＫＢＳだと名乗ると、その警察官は言った。「次が終点だが、そこで駅の外には出ずに折り返しの列車で帰ったほうがいい。外に出ると必ず憲兵に捕まる。そうなると軍隊は事情を呑み込むまで時間がかかるぞ」

私たちは素直にその助言に従った。少し情けなかったが、「ＫＢＳだとしてもなぜ日本人が」ということになると、話がややこしくなると感じたからだ。

本当に捕まったこともあった。ソウルの西、江華島北部は漢江河口を挟んで対岸は北朝鮮である。漢江脇の海兵隊基地の金網の横でリポートしていたところ、中から銃を持った兵隊が出てきて同行を求められた。「面倒なことになったな」と思ってついて行ったら、北朝鮮を望む丘にいた双眼鏡を持つ若い中尉が言う。「ここのほうがよく見えますよ」。喜んでリポートをやり直したことはいうまでもない。

朝鮮半島南北統一のシナリオ

ここで北朝鮮について、もういちど触れねばならない。

日本ではほとんど考えられていないが、私は北朝鮮がすでに保有している核兵器は、同じ民族の韓国にではなく日本に向けられていると信じている。その核弾頭を運ぶ長距離ミサイルはまだアメリカまでは届かない。だが北朝鮮にすればアメリカまで届かなくても、アメリカに従順な日本を射程範囲に収めていることだけでも満足なのだ。すでに日本ののど元に核兵器という鋭いナイフを突きつけているのと同じことだ。それに日本は過去に朝鮮を侵略しその補償も払っていない「憎い国」という名分も北朝鮮にはある。

もうひとつあまり知られていないことに、韓国社会には表面にこそ出ないが、「北朝鮮核開発容認論」がある。北の核開発は勝手に進めさせたうえ、南北統一の暁にはそれを自分たちのものにし、韓国は核保有国に仲間入りするという筋書きだ。北の核兵器は韓国に対しては使われない。使われるのは日本に対してだという「反日」の論理がそこでも顔を出す。しかし日本としては韓国が核保有国に仲間入りすることは認めることはできない。

韓国では「日本は南北統一に反対している」という話が根拠もないまま独り歩きしている。しかし核を振り回して日本を含む周辺国を脅す独裁国家が消滅することに日本が反対するわけがない。

北朝鮮は核兵器を持っているうえ、休戦ライン付近に一〇〇万もの大軍を展開している。一見、強力に見えるが、内情は崩壊に向かって近づいているとみるべきだ。独裁者が軍部を掌握し、「政治犯収容所」という装置を使って飢える国民を支配している。食糧は中国からの支援がなければ絶対的に足らないが、その中国の言うこともあまり聞かなくなっている。

ここで南北統一のシナリオを描いてみたい。南北統一は平和裏に話し合いで行われることが理想だが、それができる見通しはいまのところない。もし朝鮮半島有事となれば、韓国・アメリカ連合軍は一か月程度でいまの北朝鮮全土を掌握できるだろう。しかしその過程で周辺関係国は会議を開いて合意しなければならないことがある。真っ先にやらねばならないことは、北の核兵器を確保することだ。次に日本人・韓国人の拉致被害者を探し出して保護しなければならない。さらに政治犯収容所を解放する。それから支配層を確保して人道に対する犯罪を追及をしなければならない。

統一と復興はまさに韓国の権限だ。それに対しては関係国が支援する。日本は北朝鮮に払うべき補償、一九六五年に韓国に対して払った分に相応する補償を支払う。さらに関係国とともに応分の支援をする。日本が少ない金額ですむはずがない。もちろんこれでは足らないだろう。韓国はかつて東西ドイツが体験した統一にともなう経済的苦しみを味わうことになりそうだ。

復興に膨大な人員をかかえる北朝鮮軍を使わない手はない。武装解除したうえ国土復興隊として働いてもらう。日本はさきほどのカネに加えて、鉄道、道路、農業、上下水道、公衆衛生などで技術支援することになろう。

これらによって比較的早い時期に復興と統一は成し遂げられるように思う。だが重ねて強調したいことは、南北統一後の韓国が核保有国にならないこと、また軍事大国にもならないことだ。もはや軍事に力を入れる必要はなくなる。日本は友好国であり、決して韓国と戦う国ではないことを韓国国民に知ってもらいたい。それからもうひとつ大事なことは、北朝鮮の建国以来の暗黒の歴史を調べて明るみに出す必要がある。南北統一を成し遂げた新生韓国は、北の豊富な埋蔵鉱物資源と豊富な労働力によって、現在を上回る世界的な経済大国になることは間違いない。

日本は安全面で韓国に協力できる

二〇一四年四月十六日、韓国南西海上で起きたフェリー「セウォル号」の沈没事故で、韓国社会はこれまでになく打ち沈んだ。未来ある修学旅行中の高校生多数を助け出すことができたのに助け出せなかった無念。モラルのない船会社と乗組員、無能な政府に対する怒りと絶望。この事故は輸出大国、経済大国を誇った韓国の自信を打ち砕いた。

日本への遠慮のない主張で知られる中央日報の社説も「わが国は三流国家だった」と嘆いた。追い打ちをかけるようにソウルで地下鉄の追突事故があり、多数のけが人。社説は「韓国は安全不感症で高度危険社会だ」と書いた。

二〇一四年二月には南東部の慶州で、リゾート施設の体育館が雪の重みで崩壊、行事に来ていた大学生十人が死亡、一〇五人がけがをしている。そして五月は地下鉄事故のほかにも事故が多発した。建設中の七階建てのマンションが崩壊、ソウルのバスターミナルで火災、八人死亡、全羅南道の病院で火災、二十一人死亡など。韓国ではこうした人災を「安全事故」と呼んでいる。

日本の高度成長期もそうだったが、韓国は人災が多い国だ。私が韓国に移った一九九四年にはソウルのソンス大橋で橋げたが落下して朝の登校途中の女子高校生ら三十二人が死亡、十九人がけが。翌年には営業中の三豊（サンプン）デパートが突然崩壊して客ら五〇一人もが死亡、九三九人がけがをする大事故となった。いずれも安全性が無視されていた。

何よりもこの事故そっくりの沈没事故が、一九九三年十月十日に今回の現場からやや北の全羅北道の沖合で起きていた。西海フェリーの船が沈没し、二九二人が死亡した事故だ。定員二二一人に三六二人が乗り砂利など貨物を過積載していた。ただ船長は最後まで救助にあたり、自分は助からなかった点が今回と大違いだ。韓国はこの事故も教訓にはしなかった。

セウォル号沈没事故は、韓国社会の病巣を露呈したといえる。中国に支配されていた昔から続く、わいろ、接待、天下りの「わいろ社会」、それに加えて上には正しいと信じることでも言えない「儒教社会」、そしておおらかといえば聞こえがいい、無責任な「ケンチャナヨ精神」。これらが相まってこの事故を生んだ。

しかし今回、韓国社会は猛反省をしている。さすがに何よりも安全が大切だという意識が社会に広がってきたようだ。大統領は海洋警察庁が無能だったとして解体を打ち出した。「日本を見習え」という声すら出てきたという。

日本にはこれまでの経験にもとづいた安全の制度やノウハウが蓄積されている。韓国が望むならば、これを提供することになんら問題はないと思う。むしろこういうことで隣国のお役にたつことを嬉しく思うはずだ。

ただ、改革は一時的なもので、自己の利益をはかるお役人たちによって、再び制度が骨抜きにされるおそれがある。韓国社会には「改革性」があると、前述したが、形だけで実効性がない状態に戻る危険性がある。

相手の立場を理解しよう

最近の日本には自分だけが正しいとして他人を攻撃する傾向があるように思える。精神医学的には「自己愛」とも呼ばれるそうだ。「ネトウヨ」と呼ばれる人たちは自分の名が知られない仕組みを利用して他人を徹底的に攻撃して快感を得ている。こうした傾向が「嫌韓」「憎中」につながっている。

歴史でもそうだ。自分たちが信じる歴史が正しくて、他国の人たちが考える歴史は間違っていると指弾する。同じ事象を報道しても朝日と読売では書き方が違ってくるように、歴史はどの立場から見るかによって異なってくる。加害者と被害者では歴史の見方が違うのは当然だ。だからどちらが正しい、正しくないとは言い切れない。

つまり自分たちが考える歴史を相手に押し付けるのではなくて、相手が考えている歴史も知ることによって、歴史は分厚く立体的になっていくのではないか。日本と韓国の間に横たわる歴史認識の問題も、それぞれの考え方を知り歩み寄ることによって相互理解が生まれてくるように思う。自己の主張にこだわり互いを憎しみ合うだけでは未来は生まれてこないのではないだろうか。

韓国への「借金」がいまの対立生む

二〇一四年の三一節に合わせてソウルを訪れた奈良女子大名誉教授の中塚明さんは、京郷新聞のインタービューにこたえて次のように語った。中塚さんは韓国で「日本の良心」と評価されている。

「戦争責任をはじめとする過去の歴史に対する責任をきちんと問わなかった「借金」が大きくなり、現在の日本を生んでいる。いまは「借金」の存在すら認識されない状況になった。日本人が安倍総理の思考についていけば、日本は外交的に孤立し経済的にも衰える道しかない。歴史の作り変えは、いまの日本を歴史的無知、国際感覚不感症の状態にしている」

安倍総理らがよく口にする「自分の国に誇りを持とう」、「未来志向で行こう」などの耳に心地よく響くことばは、日韓の間に横たわる懸案を解決してから意味を持つのではないだろうか。

韓国は事実上、日本を仮想敵国にしている。海軍と海洋警察は艦艇を大型化し、竹島（独島）に日本が攻めてくるのに備えての訓練を空軍とともに行っている。国民は「いずれ日本は韓国に上陸してくる」と信じている。しかしそんなことは絶対にありえない。日本から考えてあり得ないことを、韓国民が真面目に信じているとすれば、恐ろしいことだ。

この際、両国の世論をリードするマスメディアに提案したい。互いのことをあげつらい、非難、憎しみの声をあげるのはもうよそう。さらに増幅させるのも謹もう。日本の週刊誌は売らんがためのセンセーショナルな記事が目立つ。「憎しみに未来はない」ことを知るべきだ。もちろん健全な批判は大いにやるべきだ。それが多少エスカレートすることがあっても仕方がない。しかし両国の親善、未来を考えての、事実関係にもとづいた言動であってほしいと願う。

コラム　バスケで結ぶ日本と韓国　李玉慈さん

李玉慈（イ・オクチャ）さん（六十二）ほど、日本と韓国を往復しているプロ・バスケットボール選手はいない。

李玉慈さんは韓国の高校を卒業してから銀行のチームに入り、一九七八年、静岡のシャンソン化粧品に加入、三年間プレーする。そして韓国代表チームの選手に選ばれて活躍し、引退後の一九九〇年、シャンソンに復帰してヘッドコーチに。しかし一年後には韓国に戻って指導者生活、二〇〇一年に富士通のヘッドコーチ、二〇〇四年に夫の鄭周鉉さん（七十九）が監督を務めていたシャンソンのヘッドコーチに就任、日本女子バスケットボールリーグの連覇に貢献した。

二〇〇六年には韓国代表チームのヘッドコーチに、二〇一二年、韓国KDB生命のヘッドコーチ。

そして二〇一四年四月、愛知県安城市のアイシン・エイ・ダブリュウイングスの監督に就任した。日韓を通じて女性のバスケット監督は初めて。夫の鄭周鉉さんもアイシン・チームの技術顧問をしており、夫婦が手をたずさえてリーグ十二チーム中九位のアイシンの立て直しに尽くすことになった。

韓国人は日本をそんなに悪く思っていない

ここに希望が持てるデータがある。韓国の世論調査会社、コリアリサーチは二〇一四年三月十五日、韓国人が日本に対して抱いている意識を調査した。その結果は、あれほど「反日」を叫んでいる「建前」とは違う、日本人にとって安堵する穏やかなものだった。

「韓日両国は互いに助け合い協力しあう関係になるべきか」という質問に対して、八八・三％が「そう思う」

「日本は韓国にとって重要な国だと思うか」では、七六・二％が「重要だ」

「韓国と日本は政治外交面で対立しているが、それと経済・文化・民間交流は分けて考えるべきか」では、七八％が「そう思う」と答えた。

そして「日本に期待すること」として、「歴史問題と領土問題の解決のための努力」を挙げた人が八〇・八％、日本が納得いく努力をするならば、「日本に好意を持つようになる」が八一・四％だった。

この調査からわかったことは、韓国人は歴史・領土問題以外では決して日本や日本人を悪くは思っているわけではなく、互いに助け合うべきだと考えていることだ。

この調査を提起した出版社社長の厳鎬烈（オム・ホヨル）さんは、私も知っている人だ。厳さんは「韓国人の意識はこれでわかったが、むしろ心配なのは最近の日本での嫌韓だ」と語っている。

もうひとつある。二〇一四年夏の海外旅行の行き先は日本が三八％で一番だった。そして中国はなんと三％。近くて安いだけでは、この差は説明がつかない。「反日」は建前で、本心は「親日」ではと思ってしまう。

しかし相変わらず残念なこともある。朴槿恵大統領がセウォル号沈没による政治状況を変えようと、韓国の新しい首相候補に指名した文昌克（ムン・チャングク）元中央日報主筆が、国会の人事聴聞会で野党の同意が得られそうにないうえ、与党内部からも反対意見が出たため指名を辞退した。

文昌克氏は中央日報時代にこんなことを言っていたそうだ。「一九六五年の日韓基本条約で賠償問題は終わった。慰安婦問題は私たちの力で解決しよう。日本と協議する必要はない。過去にしがみついている私たちが恥ずかしい」「日本による植民地支配や戦後の南北分断は神の意」。

韓国にもこうした発言をしていた人がいたのだ。

李秀賢さんの尊い行動を生かそう！

日韓国民は心の底では仲良くなることを願っていると私は思う。本当はそんなに憎んではいない。しかし論理的には日本に対してさらなる謝罪を求めなければならない状況がある。でも互いの非難合戦はもう沢山だ。仲良くなって互いの国を観光し国民同士が触れあうことができる日は来ないのか。経済も互いに依存しながらフェアな輸出競争をするようになればいい。

二〇〇七年一月二十七日、東京の新大久保駅でホームから転落した人を救おうとして亡くなった韓国人留学生、李秀賢さんの行動は、日韓両国民の涙を誘った。傍観することもできたのに二十六歳の尊い命を投げうった勇気を、両国民が讃えた。日韓共同で映画「あなたをわすれない」が制作された。李秀賢アジア奨学金も設立され、寄せられる寄付金で、毎年、アジアからの留学生に十万円から十五万円の奨学金が贈られている。

寺にあった仏像が韓国人によって盗まれ、韓国の裁判所が返還を差し止める仮処分を出したため中止されてきた、対馬での朝鮮通信使行列が復活されることになった。仏像を日本に返還すべきだという運動が韓国で起きていることを評価しての決定だ。

日韓の間で歴史の共同研究が進められている。一致点はなかなか見つけられないが、相手の主張、相違点がわかるだけでも意味がある。主に高校教師たちによってそうした成果が収められた歴史の副教材も多く出版されている。

名古屋では両国の若者たちを交流させるとともに、在日の人たちと集い、日韓の歴史の研究をする市民のグループがある。もう十七年目になる「日韓市民ネットワークなごや」だ。日韓関係が厳しい状況のときも活動を休むことはない。

韓国でもＫＢＳ日本語放送が、反日ムードに流されずに電波を通じての日本との交流をもう六十年近くも続けている。

三一運動で多くの住民が日本軍によって虐殺された堤岩里教会に年数回、謝罪の祈りを捧げに行っている日本の元高校教師もいる。

私たち夫婦も韓国に住んでいたときに知り合った日本語学習グループの主婦たちとの交流を広げている。二〇一三年の夏は韓国から七人が北海道を訪れ、日本側の七人が浴衣姿でホテルを訪れ、浴衣を贈るなどの交流となった。セウォル号事故でも、この日本人の間で義援金集めが進められた。

政治や外交がどうあれ、市民レベルの交流は続く。

韓国と日本が、市民レベルのように手を取り合って進めば、1プラス1＝3の力になるだろう。そして北朝鮮を軍事力ではなく、平和的に解放して南北を統一させて東アジアの火種をなくし、ともに世界平和に貢献することができると確信する。

私たちは隣人どうしなのだ。一緒に未来への歌を歌おう！　でもその前に私たちの前に立ちはだかる「反日」「嫌韓」の障壁を、どのようにして崩していくのか、両国民、とくに日本人はそれを考えていかねばならない。

日韓をめぐる年表

400	高句麗、南部に出兵して倭を撃つ
405	百済から王仁博士ら日本へ渡り漢字を伝える
414	高句麗、「広開土大王碑」を建立
552	百済から日本に仏教が伝わる
660	百済が唐・新羅連合軍に破れる
662	百済救援の日本軍、白村江で唐・新羅連合軍に破れ百済滅亡
678	新羅が3国統一
698	渤海が建国
828	張保皐、清海鎮を設置
918	王建が高麗を建国
926	契丹、渤海を滅ぼす
1259	高麗、蒙古軍に降伏
1274	元・高麗軍、第1次日本侵略（文永の役）
1281	〃　　第2次日本侵略（弘安の役）
1350	倭寇の兆戦半島進入が激しさ増す
1376	崔蛍が倭寇を征伐
1392	李成桂が王位に就き、高麗は滅亡。国号を朝鮮に（93年）、都を漢城（現ソウル）に（94年）
1592	豊臣秀吉軍が朝鮮侵略（壬申倭乱＝文禄の役）
1597	〃　　第2次侵略（丁酉倭乱＝慶長の役）
1607	朝鮮王朝、日本と国交回復
1609	〃 日本との間で乙酉条約を結ぶ
1637	満州族による12万の清軍が朝鮮半島南下、漢城南の南漢山城に45日間たてこもった第16代王仁祖は降伏し清と臣従関係を結ぶ
1840	アヘン戦争で、中国、イギリスに敗れ香港を割譲
1866	フランス艦隊　江華島に侵攻
1868	明治維新
1869	靖国神社の前身の東京招魂社設立
1871	アメリカ艦隊　江華島に侵攻
1875	日本海軍の雲揚号、江華島草芝鎮などを砲撃
1876	日本　朝鮮と江華島条約を締結。釜山港開港
1885	イギリス艦隊　巨文島占領
1889	明治憲法発布
1894	甲午農民戦争　日本軍　ソウルの王宮占領 日清戦争
1895	日本と清が下関条約結ぶ。 閔妃暗殺事件
1897	国号を大韓帝国に改める。王は皇帝になる。
1899	漢城（現ソウル）に路面電車開通
1900	初の鉄道　京仁線開通

1904	日露戦争　第１次日韓協約　京釜線開通
1905	日露ポーツマス条約　第２次日韓協約（乙巳保護条約）
	京釜線が開通
	日本が竹島を島根県に編入
1906	日本　韓国統監府設置
1907	ハーグ密使事件　高宋退位　韓国軍隊解散
1909	日本　韓国併合方針を閣議決定
	伊藤博文　ハルビンで安重根に撃たれ死亡
1910	日本が韓国を併合　朝鮮総督府設置
1919	三一独立運動　上海に大韓民国臨時政府
1920	朝鮮日報、東亜日報が創刊
1923	関東大震災
1926	京城帝国大学開設
1929	世界恐慌　光州学生運動
1930	満州事変
1932	桜田門事件（天皇を暗殺未遂　李奉昌）
	満州建国
	上海の天長節式場で尹奉吉が爆弾投げ要人殺傷
1937	盧溝橋事件　日中戦争始まる
1938	ハングル教育を廃止
1939	第２次世界大戦
	日本で国民徴用令実施　朝鮮からの強制連行始まる
1940	創氏改名
1941	太平洋戦争始まる
1942	朝鮮での徴兵制実施
1945	広島、長崎に原爆投下
	日本がポツダム宣言受諾　朝鮮解放
	GHQ が国家と神道の分離命じる
1947	日本国憲法施行
1948	大韓民国樹立、李承晩大統領　北には朝鮮民主主義人民共和国樹立
1950	済州島で４・３事件
1951	朝鮮戦争勃発
1952	サンフランシスコ平和条約に調印　日本政府　東京裁判を受諾
1953	李承晩ラインを宣言
1956	朝鮮戦争休戦協定
1960	日本が国連加盟　日ソ国交回復
1961	4.19学生デモ　李承晩退陣
1962	朴正熙少将らが軍事クーデター
	「金・大平メモ」で財産請求権問題決着
1964	第１次経済開発５カ年計画
	東京オリンピック

1965	韓国軍のベトナムへの派兵決定
	日韓基本条約を締結
1966	北朝鮮が米情報船のプエブロ号をだ捕
1968	中国で文化大革命
	北朝鮮軍ゲリラ31人が青瓦台近くまで侵入
	東海岸に武装ゲリラ約100人が侵入
1969	アポロ11号が月面着陸
1970	よど号ハイジャック事件
	関釜フェリーが就航
	京釜高速道路開通
1972	南北共同声明
	米中和解　日中共同声明
1973	浦項製鉄所完成　東京で金大中事件　第１次石油ショック
1974	朴大統領夫人陸英修さん、文世光に撃たれ死亡
	ソウルに地下鉄開通
1975	ベトナム戦争終結
	日韓・韓日議員連盟が発足
1978	靖国神社がＡ級戦犯を合祀
1979	日中平和友好条約
1980	朴正熙大統領　部下に暗殺される。全斗煥少将らが実権掌握
1981	マスコミを統廃合　光州事件
1982	全斗煥大統領就任
1983	韓国で日本の教科書が問題になる
	韓国でプロ野球開幕
	サハリン沖で大韓航空機が撃墜される。269人死亡。
	ビルマ訪問中の全斗煥大統領一行に爆弾テロ、閣僚ら17人死亡
1984	中曽根首相が日本の首相として韓国初訪問。40億ドルの借款約束
	全斗煥大統領が韓国元首として日本初訪問
1986	NHK がハングル講座始める
	チェルノブイリ原発事故
1987	ソウルでアジア競技大会
	与党民正党盧泰愚代表が民主化宣言
	ビルマ付近で大韓航空機が墜落（真由美事件、死者115人）
	韓国天安に独立記念館完成
1988	16年ぶりの大統領直接選挙で盧泰愚氏当選
	盧泰愚大統領就任　政治犯釈放　セマウル疑惑で全斗煥追及
	光州事件を謝罪
	ソウル・オリンピック
1989	昭和天皇死去
	ベルリンの壁崩壊　冷戦終結
1990	韓国が国民の海外渡航自由化

1991	日本でバブル経済が崩壊
	湾岸戦争
	韓国で30年ぶりに地方議会議員選挙
	ソビエト連邦崩壊
1992	韓国と北朝鮮が国連に同時加盟
	天皇が中国訪問
1993	中韓国交樹立
	金泳三大統領が就任
	大田エキスポ
	河野談話
1994	北朝鮮の金日成主席が死去
	米朝が北の核解決のためのジュネーブ合意
	ソウルでソンス大橋が崩壊
1995	阪神大震災
	35年ぶりに地方自治体首長の選挙、地方自治が復活
	ソウルで三豊デパートが崩壊、501人が死亡
	戦後50年の村山首相談話
1996	旧朝鮮総督府の建物撤去
	北朝鮮潜水艦が東海岸に侵入
1997	韓国が OECD（経済協力開発機構）に加盟
	光州事件で全斗煥に無期懲役、盧泰愚に懲役17年の最高裁判決、その後、大統領恩赦
	外貨危機に陥り、IMF が緊急支援
1998	金大中大統領が就任
	現代財閥の鄭周永名誉会長が板門店通って北入り
	東海岸で北の潜水艇が漁網にかかり捕獲
	北朝鮮がテポドン発射、日本上空越え三陸沖に落下
	金大中大統領が日本訪問　未来志向の日韓共同宣言
	韓国から北朝鮮の金剛山観光がスタート
	日本の大衆文化の韓国への第１次開放
1999	韓国　日本製品の輸入規制を全面撤廃
2000	韓国映画「シュリ」が日本で大ヒット
	平壌で初の南北首脳会談
2001	金大中大統領にノーベル平和賞
	仁川新国際空港が開港
	小泉首相が就任、８月に靖国神社参拝
	米同時多発テロ
2002	天皇が記者会見で「韓国とのゆかり」発言
	サッカーワールドカップを日韓共同開催
2003	小泉首相が北朝鮮を訪問
	大邱で地下鉄火災　192人死亡

	盧武鉉大統領が就任
	イラク戦争
	NHK－BSが「冬のソナタ」放送開始、韓流ブームへ
	盧武鉉大統領が日本訪問
2004	北京で6か国会談始まる
	羽田金浦線が運航開始
	国会が盧武鉉大統領を弾劾訴追するが、2カ月後に憲法裁が棄却
	高速鉄道のKTXが開通
	小泉首相が平壌訪問し金正日と会談、拉致されていた5人を連れ帰る
	済州島で日韓首脳会談、
2005	鹿児島県指宿市で日韓首脳会談
	島根県議会が「竹島の日」条例
	北朝鮮が核兵器保有宣言
	盧武鉉大統領が日本に謝罪要求、日韓シャトル外交中止
	韓国、中国で反日運動
	馬山市議会が「対馬の日」条例
	ソウルで日韓首脳会談
2006	親日反民族行為者財産の国家帰属法が成立
	ソウルで安倍―盧武鉉会談
2007	北朝鮮が地下核実験、国連が制裁決議
	潘基文前外相が国連事務総長になる
	平壌で南北首脳会談
2008	韓国からの開城観光がスタート、開城工業団地への貨物列車運行開始
	李明博大統領が就任
	総選挙で保守のハンナラ党が勝つ
2009	金剛山観光、女性客射殺で中止
2010	米オバマ政権登場
	黄海で韓国の哨戒艦「天安」が沈没
2011	北朝鮮が黄海にある韓国の延坪島を砲撃
	東日本大震災
	韓国EUのFTAが発効
	2018年冬のオリンピック、平昌に決まる
	韓国憲法裁が「韓国政府が慰安婦の賠償請求で努力していないのは憲法違反」と判決
	ソウルの日本大使館前に慰安婦像が建てられる
2012	金正日死去、3男の金正恩が後継者に
	韓国大法院が65年の日韓基本条約によっても、個人の請求権は消滅しないとする判断示す
	韓米FTAが発効

	韓国麗水万博
	日本が尖閣諸島国有化
	李明博大統領が竹島に上陸
	第2次安倍内閣が発足
2013	朴槿恵大統領が就任
	ソウル高裁が新日鉄住金に対し、元徴用工の韓国人男性に未払い賃金などで1人1億ウォンの個人賠償を命じる
2014	京畿道議政府市議会が「対馬島奪還」の決議
	中国政府がハルビン駅に安重根義士記念館を開設
	中国で多数の元徴用工が日本企業相手取り賠償請求訴訟起こす
	オランダ・ハーグでの日韓米3か国首脳会談
	黄海で修学旅行生らを乗せた韓国のフェリーが転覆、死者不明304人

参考文献（順不同）

金両基監修、姜徳相・鄭早苗、中山清隆編『図説韓国の歴史』河出書房新社
日本史教育研究会『STORY日本の歴史・近現代編』山川出版社
中塚明『これだけは知っておきたい日本と韓国・朝鮮の歴史』高文研
中塚明、井上勝生、朴孟洙『東学農民戦争と日本』高文研
糟谷憲一『朝鮮の近代』山川出版社世界史リブレット
アンドリュー・ナム『目でみる5000年　韓国の歴史』ハンリム出版社
文京洙『韓国現代史』岩波新書
朝鮮史研究会編『朝鮮の歴史』三省堂
高崎宗司『検証日韓会談』岩波新書
下條正男『竹島は日韓どちらのものか』文春新書
金学俊『独島・竹島、韓国の論理』論創社
朴永圭『尹淑姫・神田聡訳朝鮮王朝実録』新潮社
池東旭『韓国大統領列伝』中公新書
武井一『皇室特派留学生』白帝社
鄭銀淑『一気にわかる朝鮮半島』池田書店

北島万次『豊臣秀吉の朝鮮侵略』吉川弘文館
北島万次『秀吉の朝鮮侵略』山川出版社日本史リブレット
壬申戦争と「耳塚」を考える会『豊臣秀吉の朝鮮侵略戦争と京都「耳塚」について』
李進熙『李朝の通信使』講談社
三橋広夫・三橋尚子訳『検定版韓国の歴史教科書 高等学校韓国史』明石書店
三橋広夫訳『韓国の小学校歴史教科書』明石書店
四方田犬彦『大好きな韓国』NHK人間講座
黒田勝弘『韓国反日感情の正体』角川ONEテーマ21
河信基『朴正煕 韓国を強国に変えた男』光人社
日本・中国・韓国共同編集『未来をひらく歴史』高文研
歴史教育研究会（日本）歴史教科書研究会（韓国）『日韓交流の歴史』明石書店
シンシアリー『韓国人による恥韓論』扶桑社新書
豊田有恒『どの面下げての韓国人』祥伝社新書
倉山満『嘘だらけの日韓近現代史』扶桑社
宮脇淳子『韓流時代劇と朝鮮史の真実』扶桑社

あとがき

書店に並ぶ「嫌韓論」の本を見て、「韓国擁護論」を書く義務が私にあるように思えた。それでペンを取った。韓国の今の姿だけを見ての「嫌韓」ではなく、なぜ韓国が「反日」になっているのか、その歴史的背景をも書いたつもりだ。「嫌韓」を乗り越えて日本が次に取るべき道を考えてもらうことが本書の目的であり、私の願いである。

日本の侵略による犠牲者の数については、日本と韓国・中国で大きな開きがある場合が多い。検証はいまとなっては不可能だが、犠牲者が出たこと自体を否定することはできないはずだ。

韓国では、大型フェリー、セウォル号の沈没で、かなりの数の修学旅行生を救えたはずなのに救えなかったとして、国民の間に怒りと悔しさが充満した。沈没は韓国社会がかかえる課題を浮き彫りにするものだった。わいろ、汚職、上にものが言えない儒教社会、ケンチャナヨ精神、つまり少しぐらいいい加減でも大丈夫だという考えなどだ。

このケンチャナヨ精神を物理的にも支えているのが、「地震がない国」である。地震が多発する日本と違って韓国には地震がない。いい加減でも通用するのだ。

しかしこわいものがある。それは現在四か所に二十五基ある韓国の原発。二〇一三年に大量の部品検査証明書が偽造されていたことが発覚した。「原発は第二のセウォル号」のおそれがあるという指摘が韓国のメディアから出ている。安全管理をさらに厳重にしてもらいたいものだ。「福島」の失敗を起こした日本としてはいいにくいことだが……。

日本ではありえない裁判所の腐敗も表面化した。「前官待遇」だ。セウォル号沈没の責任をとって辞任を表明した首相の後任として朴槿恵大統領が指名した前最高裁判事が、大手法律事務所に入ってわずか5か月間で十六億ウォン、日本円に換算すると一億六〇〇〇万円の弁護料の荒稼ぎをしていたことが明らかになった。元判事の弁護士が刑事事件を担当すると、後輩の現職判事が敬意を表し自分の退官後も考えて、前官に有利な判決や判断を巧妙に出すという。そこでカネに糸目をつけない依頼者が殺到するのだという。これが「前官待遇」で、韓国の法曹界では公然の現象とされていたが、今回初めて実態が明らかになった。古代中国から伝わってきて、いまも韓国社会に根強い「わいろ」が、こういう形でもある。韓国にはさらに大統領による恩赦もある。

セウォル号沈没が生んだもうひとつの大事なことがある。韓国の二大テレビ局のKBSとMBCの記者たちが、現場を取材しなかったうえ政府と海洋警察の発表をうのみにして検証もせずに伝えたとして遺族と国民に謝罪した。

さらに政府が海洋警察を非難しないようKBSの社長に圧力をかけ、社長は報道局長に指示を出していたことが判明。ＫＢＳでは社長の辞任を求めてストライキにまで発展し社長は辞任した。中央日報も誤報があったと謝罪した。

官庁発表の垂れ流しでは国民に真実を伝えられないことが改めて明らかになった。韓国のマスメディアは、「報道」ではなく「言論」ということばを使っている。新聞や放送局を「言論社」とも言う。丹念に事実を究明してそれを報道し国民に判断の材料を提供しようというのではなく、知識人であるジャーナリストが「かくあるべきだ」という主張を国民に向かって垂れる。これが韓国マスメディアの姿勢だ。かつては税金も一切納めていなかった。こうした、いわば観念的、権力的な姿勢がパターン化された国民の日本観に合わせた日本報道という、「反日」の背景のひとつになっている。今回の反省が報道の改善につながり、日本のありのままの姿を伝えるようになってほしいと私は強く願う。

執筆中に起きたことがもう一つ。韓国人女性一二二人が、在韓米軍基地周辺で米兵相手に売春をさせられていたとして、韓国政府を相手取って賠償を求める訴訟を起こしたのだ。請求額は一人一〇〇〇万ウォン、日本円にして一〇〇万円程度。

韓国政府は彼女らを「米軍慰安婦」として管理し、特定の地域に居住させて性病検査を強要し感染者の収容所も設けていたという。日本に対して「日本軍慰安婦」問題を追及している韓国政府にとって、おひざ元で反乱が起きた形だ。

米軍慰安婦で論文を書いている、広島大学名誉教授で東亜大学教授も務める崔吉城氏によると、米軍相手の売春婦は「朝鮮戦争後四十年間に二十五万から三十万人に増加した」という。

二〇〇二年サッカーW杯のときだった。ソウル大学の構内テレビの前は、日本対ベルギー戦の中継を見る学生たちであふれかえっていた。たびたび起こる歓声、日本のプレーに声援を送ってくれているものと思い込んでいた私は、のぞきこんで強いショックを受けた。学生たちは日本の選手がベルギーにボールを取られるたびに大喜びをしていたのだ。建前の友好ではなく感覚的な反日だった。「日本の失敗は韓国の喜び」とか「反日無罪」だともいわれている。今やこの逆の風景は日本でも見られるようになった。

アメリカのニューヨークタイムズが、今回の二〇一四年ブラジル大会でネットユーザー二万人あまりを対象にアンケート調査したところ、日本が出場する試合では日本を応援せずに対戦相手国を応援すると答えた韓国人が三十八%、韓国が出場する試合では韓国を応援せずに対戦相手国を応援すると答えた日本人が四十%いた。かりに日韓友好の建前では日韓を応援すべきだと考えても、実際には対戦相手国のほうを応援してしまう。

この心理は正直なもので、私自身はどうかと聞かれると、やはり自信がない。

サッカーと言えば、二〇一四年のサッカー日韓戦は開けそうにない。韓国側から「開催できる雰囲気にない」と言ってきた。開催中止はまだある。ソウルの日本大使館がロッテホテルで開くことにしていた日本の自衛隊創立記念パーティや、ソウルで予定していたマンガの「ワンピース展」が相次いで中止された。「反日」が大暴れしている現状だ。(その後、展示会は開かれた)

日本では、京都の朝鮮初級学校周辺での在特会によるヘイトスピーチは「差別」だと大阪高裁が認めた。しかし東京新大久保のコリアタウンでは、度重なるヘイトスピーチで客足が遠のき、閉店する店が出てきたという。

朴槿恵政権を支える与党セヌリ党の代表が、党大会の結果、非朴槿恵派となった。人事でのつまずきが目立つ大統領が、今後、国民の支持を得ようと「反日」路線強化に走らないことを望みたい。拉致問題をめぐって北朝鮮と日本が急接近しているなかで、朴槿恵政権は急速に中国に接近している。中韓が対日共闘をしているようにも見える。これまでで一番いい関係だと中国側に言わせている。このままでは韓国は中国に呑み込まれかねない。同じ政治体制をとる日本の存在を忘れないでもらいたいものだ。

最後に日本に向かってひとこと。他人は自分にないものを持っている、学ぶべき存在。自国を基準にして他国を見下す風潮、偏狭なナショナリズムは日本を危うくする。

この本の執筆にあたって、国書刊行会の佐藤今朝夫社長、編集の田中聡一郎氏から貴重な指摘、示唆、助言を数多くいただいた。それによって内容が幅広くなり奥行きも出てきたように思う。この本がより多くの人に読んでもらうとともに、韓国の人にもぜひ読んでもらうことを期待したい。耳の痛い点が多いかもしれないが……。

「ワンピース展」も一時は中止が決められたが、韓国側主催者が決定は不当だとして仮処分を申請し、裁判所が開催を命じた。二週間遅れで開かれた展示会は大賑わいだったようだ。せめてもの慰めだ。

東京で開かれる二〇〇四年秋の日韓・韓日議員連盟総会の議題を決めるにあたって、韓国側は言った。「やはり歴史問題は避けて通れない」、日本側は「自分こそが正しいと言い張っても何も解決しない」

日韓の外交はまさに出口のない袋小路に入っている。これを打開できるのは最高指導者だけなのか。朴槿恵大統領、安倍総理大臣、いかがでしょうか。

二日市 壮

著者略歴

二日市 壮（ふつかいち・そう）

1936年、兵庫県西宮市生まれ。法政大学社会学部卒業後、ＮＨＫ記者として公害などを取材。定年後、名古屋大学、中京大学講師をへて渡韓。韓国ＫＢＳ日本語放送の仕事を中心に韓国滞在12年。仁川大学、韓国外大で日本語を教える。原稿手直しの仕事はいまも続いている。

著書に『京浜工業地帯』（共著、泰流社）、『東海レールウォッチング』（映像、ＮＨＫサービスセンター）などがある。

韓国《かんこく》擁《よう》護論《ごろん》

2014年9月25日初版第1刷発行

著　者　二日市 壮
発行者　佐藤今朝夫
発行所　株式会社 国書刊行会
〒174-0056 東京都板橋区志村1-13-15
TEL 03（5970）7421　FAX 03（5970）7427
http://www.kokusho.co.jp
印刷・製本　三松堂株式会社

ISBN 978-4-336-05821-8

大久保コリアンタウンの人たち

朴正義

一九八〇年以降、日本へ渡ってきた外国人たち――「ニューカマー」の韓国人は、「在日」と呼ばれる「オールドカマー」とは異なる価値観を持つ。日本と韓国をよく知る著者による調査とインタビューから浮かび上がる、大久保コリアンタウンに暮らす韓国人たちの本当の姿。

二四〇ページ
二〇一四年一〇月刊